5|22

BIGGER THAN THE FACTS

Jan Baeke

BIGGER THAN THE FACTS

GROTER DAN DE FEITEN

Translated by
Antoinette Fawcett

Introduced by
Francis R. Jones

PUBLICATIONS
2020

Published by Arc Publications,
Nanholme Mill, Shaw Wood Road
Todmorden OL14 6DA, UK
www.arcpublications.co.uk

978 1911469 57 5 (pbk)
978 1911469 58 2 (hbk)

Design by Tony Ward
Cover picture from an original painting
by Marcus Ward, by permission of the artist
Printed by PrintondemandWorldwide.co.uk
in Peterborough, UK

This book was published with the support of the
Dutch Foundation for Literature

Nederlands
letterenfonds
dutch foundation
for literature

Supported using public funding by
ARTS COUNCIL
ENGLAND
LOTTERY FUNDED

'Visible Poets' Translation Series
Series Editor: Jean Boase-Beier

for Marrigje /
voor Marrigje

CONTENTS

Since I first learned how to read, reading has been a form of adventure for me, taking me into the unknown and making unexpected things happen. Every new written word I recognized in my early childhood lit the world in a little explosion of emotion that means I still remember when I first saw and sensed that word. The reading of the text fixed the word in my memory much as a photographic fixer stabilizes an image, while all the emotions and actions that went with that first exposure to a specific written word remain part of that word's aura forever.

This earliest form of reading was arguably rooted more in laborious decipherment and delighted recognition than in reading as I now experience it, but I believe that all true and attentive reading is indeed a form of adventure: a venture into a different way of seeing the world; a making the familiar unfamiliar again; an introduction to something totally new and unexpected; or a facing-up to one's own deepest fears, prejudices and anxieties.

What I felt in my earliest excursions into written English I also experienced in Dutch. I was a child of four in a Dutch kindergarten where the poems and songs I learned introduced me to talking chickens, skating bears and singing hedgehogs. The short time I spent there was my only form of Dutch education, but that experience of learning to read in my second language stayed with me ever afterwards. If anything, the experience of reading my first words in Dutch was even more of an adventure than my early excursions into the English written word; certainly this writing gave more promise of the strangeness, mystery and musicality of the world and marked my first independent ventures into poetry, song and story.

But that world of wonders was soon closed to me, when English became the only language of my schooling and my mother no longer spoke to her children in pure Dutch, but in my father's tongue or in a mixture of Dutch and English. A series of English boarding schools, a strict Catholic education, the English horror of bilingualism, all led to a lack of development in what had at first been a language that was as natural to me as English. The Netherlands became for me the land from which I had been exiled and, in spite of occasional family visits, its language, customs and culture existed behind the locked gates of memory and longing.

Once I was an adult I did everything I could to re-enter the lost country and re-find the hidden language. I made my own study of the language and literature; I visited the country often, and even lived and worked there for several years; I chatted and conversed in Dutch, and most importantly, perhaps, looked for books in Dutch and Flemish bookshops that would engage me and give me the energy and motivation to continue my quest to find words and poems and stories that would continue to create those little explosions in my mind.

In December 2015, I was in the Netherlands for a few days to attend a translation workshop and to make a ritual visit to a good bookshop. As I searched the poetry shelves for something to re-ignite my passion for the language, and to chime with my sense of its mystery and adventure, I chanced upon a little book, the size and shape of an A5 diary. It had a bold, stylized cover from which a larger-than-life canary stared sidelong at me, with a quiet air of challenge or warning. This book was the book I would spend almost the next four years reading, thinking about, worrying at, discussing, translating, and re-translating. It was Jan Baeke's *Groter dan de feiten*, the book you now hold in your hands or see on a screen as *Bigger than the Facts*, its English offspring and conversation partner, or perhaps better said, its companion.

The canary on the cover was the lure into this particular adventure, but the words that flew out of the book and into my mind were what induced me to embark on the translation project. They were both clear and peculiar. I could understand them in their often naked simplicity (stars and coldness, dogs and canaries, cigarettes and smoke and fire), but their relationship to each other was not always obvious. The poems were full of surprises and puzzling statements, which were not annoying or irritating, as unmotivated surrealism may sometimes seem. They formed a kind of hyper-reality which managed to say something important about being human "in times of fire and fighting back" ('Summer's Way: 2', p. 45). They suggested to me that it would be worth embarking on a translation journey that would investigate, interrogate and travel with the whole text, the complete work of art that its poet, Jan Baeke, had created.

It became an essential mantra to me at an early stage in this project that if I were to be able to give the text the reading it deserved, it would have to be translated in its entirety. The translation journey would have to explore every element, every feature and incident of the world evoked by the poet and not merely come to a standstill inside an individual poem. That meant that I had to accept the frustration of disorientation, of not knowing and not understanding, just as much as the joy and delight of those readings and subsequent translations that made sense to me from the start.

As the translations began to take shape I recognized more and more the unity of *Groter dan de feiten* and felt not only that it had to be explored in its entirety through the act of translation, but that if it were to be published in English it also had to be published as a single work. All the individual poems cast light on each other. The images, situations and characters recur and gain weight and complexity as the work unfolds. It seemed to me, therefore, that it would be an injustice to the shape of the piece as a whole, to its manifold scenes and images, to make selections from it and then to balance those selections with poems from Jan Baeke's other books. That would be like making a translated selection from Eliot's *The Waste Land*, 'Death by Water', for example, and butting that up against 'The Naming of Cats', 'The Love Song of J. Alfred Prufrock' and other favourite Eliot poems, with the intention of covering as much of the oeuvre as possible. There is a place for that kind of representative selection, but in this case I felt that the book deserved a translation that would allow the English-speaking reader to make a journey of discovery within it that would parallel the journeys taken by its often admiring but sometimes baffled first Dutch readers.

Groter dan de feiten (2007) was Baeke's fourth book of poems and perhaps the first in which he discovered a way to make a unified work of art through a complete book-length sequence of poems. It was and remains an important key to his work as a whole and as such has not lost its relevance in the intervening years. It tells a story and has characters – at least two – who enact that story in voices that are not the poet's own, but behind which the poet's mind is working. It is not clear who the characters exactly are, what the setting for the story is (perhaps vaguely southern European or Mediterranean), and in what period of time it is set. That there is a male voice and a female voice gradually becomes apparent, as does the historical range and cultural allusiveness of the five-part sequence. As a reader, my skin prickled and the back of my head tingled when I thought I recognized some of those allusions: to myths and stories, to beliefs and sacred books or practices, to films and art and philosophy, to actual facts, sometimes hard to face, and to the ambiguous nature of what it means to be human: to suffer and to deal out suffering; to love, to give love, and to accept it.

As a translator I did not want to pin the English-speaking reader down to a single interpretation. I wanted the reader of these translations to look with an open mind at the poems, to look coolly at the images as they play out in this sequence, to look obliquely at an often dark reality through details that are "bigger than the facts" ('What Couldn't be Otherwise: 12', p. 83). "Looking," as the epigraph poem (p. 23) tells us, "is the most miraculous child of darkness". Or: "I thought that looking was the most important" ('Summer's Way: 6', p. 51); or again, in the same poem: "You have to look during the pounding and the praising". If you look properly, even, or perhaps especially, through the lens of a post-modernist, fragmentary, everyday epic, you may recognize that you are implicated in our histories of suffering, just as you also have the potential to be uplifted, given meaning, by little acts of love and significance, "emergency thoughts" that "go to the heart" and then "jump" ('The Dogs: 13', p. 107).

To retain those ambiguities, which are expressed in a clear and pure language, in poems that ask questions but do not directly answer them, was extremely difficult. It was important for me not to close off multiple interpretations, yet the act of choosing to translate a particular word in a particular fashion does inevitably shut out certain possible meanings or implications. Should the Dutch word "wonderlijk" in the epigraph poem (p. 23) be interpreted as "miraculous", "marvellous", "wonderful", or as "strange", "peculiar", or "weird", for example? These are all possible translations and whatever choice is made in English, the English-speaking reader will be pushed in a particular direction. Perhaps I decided to choose "miraculous" because of my own adventures in the Dutch language, my own ventures and adventures in life; but I also felt that the word vibrated best with the layers of allusion in the sequence as a whole.

When we translate literature we translate as people, as human beings, with bodies and feelings, with our own histories and idiosyncrasies, and this is especially true when we translate poetry, which through its sounds and rhythms works on our emotions and our bodies. The sounds and rhythms of Dutch and English are not the same as each other, but because the two languages are quite closely related it is possible, even with free verse, to try and achieve some approximation of the original form: the balance of long lines against shorter lines; the placing of certain words at the end or at the start of a line; the surprise or reversal of expectation that a particular enjambement may create. At the same time, however, as wanting to do justice to the manner in which the Dutch poems are expressed – their tone, their sound, their feeling – it seemed essential to me to do so in a way that would resonate in English. The words of the translations were tested and re-tested on the tongue until voices emerged that spoke to me in English as I had heard the Dutch voices speaking to me in Dutch. It is not only "looking" that is "important", but hearing too, especially where poetry is concerned.

All adventures need guides and mentors, and it is important to recognize and acknowledge their help. In the adventures of language development and reading, my first guides were my English father and my Dutch mother, but the ways of my two languages diverged. English language,

13

literature and culture became dominant, through education, my life choices and my former teaching profession. If I wanted to understand and engage with a work of English literature so I could teach it, I could call on the help of many guides and mentors: the memory of the words of my own teachers at school and university, works of criticism and reviews, my past and present reading: a body of knowledge that could help light the way into the forest of words and images.

In Dutch literature, where I am self-taught, the mentors have been fewer but therefore more vital in their guidance. I particularly benefited from conversations and discussions with the author Jan Baeke, who encouraged me with his enthusiasm for the project, and patiently answered all my questions, tactfully shining a beam of light along the footpath to guide me on my journey. He showed me, for example, that the title of the second section of this book, 'De kant van de zomer' (p. 43) is an allusion to Proust's *À la recherche du temps perdu*, in particular to its first volume, *Du côté de chez Swann*, which in English is translated as *Swann's Way* and in Dutch as *De kant van Swann*. Such folds of intertextuality would have remained obscure to me without the help of the poet. The translations have also benefited from the wise advice of David Colmer who read and commented on the text in its final draft. It was a real privilege to benefit from his insight and experience in the very last stage of the journey.

To see reading – and translation, the most intense form of reading – as an adventure implies that it is also an experience and a process, it is not static: the traces of my adventure with all its challenges and perils will inevitably be present in the translated text. Nevertheless, it is my hope that my decision to translate *Groter dan de feiten* as a complete work of art will enable English-speaking readers to enter into the clarity and occasional obscurity of Jan Baeke's poems, to start their own process of experiential or interpretive adventure in a world that is recognizably our own, but that is also far bigger than the facts.

Antoinette Fawcett

Jan Baeke

Since his debut collection in 1997, the Netherlands poet Jan Baeke has published eight books of poems. These have gained him critical praise and widespread respect at home, but also increasing attention abroad. The present volume, *Bigger than the Facts*, is a translation of Baeke's fourth book: *Groter dan de feiten* (2007). This was shortlisted for the 2008 VSB Poetry Prize – one of the Netherlands' two top awards for a stand-alone collection. And in 2016, Baeke won the other top award, the Jan Campert Prize, for *Seizoensroddel* (Season's Gossip, 2015).

Baeke's poetic and literary activities are not limited to writing his own poems. He has translated English poet Lavinia Greenlaw, Scottish poet Liz Lochhead, Welsh poet Deryn Rees-Jones and US poet Russell Edson into Dutch. Since 2011 he has co-curated the programme of Poetry International Rotterdam, the Netherlands' biggest poetry festival and a key fixture in the world poetry calendar. And for several years, he chaired the Management Committee of the Vereniging van Letterkundigen, the Dutch Writers' Guild.

Jan Baeke's CV also has a strong film element – unsurprisingly, perhaps, for someone whose poetic vision is so cinematic. Before moving to Poetry International, he worked at the Dutch Film Museum in Amsterdam. Here, for example, he initiated and curated *35 mm POEM*, a series of events combining silent film with live spoken poetry. And since 2006 Baeke has collaborated with Alfred Marseille on the poetry-film venture *Public Thought*. Their 2017 English-language short about the refugee crisis, *At the Border* (http://www. publicthought.net/attheborder.html), for example, combines archive and specially-shot clips with news voiceovers and on-screen poems by Baeke.

Poem Worlds

As we read a work of literature, the flow of words condenses into images. These combine in turn to form a 'text world', which surrounds us while the reading lasts, and sometimes for long afterwards. A world with its own landscape, objects and beings, peopled with characters who act, feel, think and dream. So what text world does Jan Baeke build for us in *Bigger than the Facts*?

Baeke says that the poems in this book "are always about something, they refer to reality".[1] But how its world works is not immediately plain to see. At least on the surface, many poems appear hermetic, even surreal. Yet elements keep recurring, coalescing little by little into dreamlike leitmotifs and sub-narratives. A bus journey. A hotel room beside a square. Dogs. A you-figure who smokes. A he-figure – perhaps the narrator in the you-figure's eyes, perhaps someone else. A blind man. And a canary – a character important enough to be depicted on the Dutch edition's cover.

This slow layering of leitmotifs reminds us of films by Tarkovsky or Buñuel. It is no coincidence that these two directors top and tail the long list of inspirers cited at the end of the book: modernist poets and prose writers, but also filmmakers. Buñuel in particular is a master of montage. Baeke claims that this technique, where "as a reader you have to make the links between the various images yourself", is the main way in which film influences his poetry.[2]

But if this book's world is dreamlike, perhaps we should enter it as we experience a dream. Intuitively, with minds open to whatever twists and turns it might bring. Katleen Gabriëls, reviewing this collection,[3] explains that its rules

---

[1] All quotations from Jan Baeke are from an interview with Marte Kaan, "Er is een man, er is een vrouw [There's a man, there's a woman]", *De Groene Amsterdammer* 132, 5 March 2008, https://www.groene.nl/artikel/er-is-een-man-er-is-een-vrouw (my translation).

[2] Baeke, interviewed by Kaan.

[3] (2008) "Over de beklemming van de zomer en de liefde [About the oppressiveness of summer and love]", *Cutting Edge*, 5 February 2008, http://www.cuttingedge.be/boekenstrips/groter-dan-de-feiten (my translation).

become clearer at whole-book than at individual-poem level:

> As a reader you're admitted to an intimate event. Yet you're kept at arm's length, because the poetry pins nothing down and many elements remain open. The poems *per se* only come into their own as a whole. Then a created world opens up – one which you want to follow closely.

From this broader viewpoint, *Bigger than the Facts* appears to relate a story, from summer till winter, of a relationship between two people who separate and finally seem to be reconciled. In Baeke's words,

> Love so often doesn't work out, it's hard for people to be and stay together. On the other hand, we're also drawn together. It's a theme that has always interested me: what keeps people together, what drives them apart again? What do people expect from life, or more generally: what do people expect from reality and how does one's relationship with another fit into that?

Or, as the book's closing lines say: "This is a question about / love or about / a man who walks into a hotel. // What is it that I want to tell you?" ('I Invented Him: 13', p. 135).

The book seems set in Southern Europe, at a time of war or occupation. In the opening cycle, a couple travel by bus to a strange city, and book into a hotel by a square where the barman is "listening to messages for the resistance" ('Only the Beginning Counts: 2', p. 29). Filmically, the poems focus on the sensed, seen moment. But the seer knows that this moment will pass, presaging a later loss: "to be a lover for the smoke. / When will it all be ash and not as now, darkness / that I can see, in your eyes, above the sun of your cigarette" (epigraph poem, p. 23).

In the next cycle, we learn that it is summer. In its debilitating heat, the middle-aged narrator's body "has begun / to make new and useless flesh" ('Summer's Way: 2', p. 45). A dog makes its first appearance. Then the you-figure leaves the narrator: "It was inevitable [...] that you got up hours later / that I didn't realize you had long departed"

('What Couldn't be Otherwise: 7', p. 77). Summer has seemingly now turned to winter, though the narrator is still in the hotel and the city. More dogs appear. As does the he-figure – who then leaves, and whose name is sought on lists of the dead ('I Invented Him: 9', p. 123). Finally, the you-figure returns, seemingly injured: "I want you to find these lines / and understand that you're my life" ('I Invented Him: 10', p. 127).

Yet there is more to Jan Baeke's poetic worlds than their surface narrative. Piet Gerbrandy describes Baeke's wider work as "a quest for language and meaning".[4] Or, as Thomas Möhlmann puts it, "in his search for coherency or at least some grip on reality, Baeke shows us just how uncertain, incoherent and unpredictable the world around us actually is".[5] As for *Bigger than the Facts*, Edwin Fagel writes that it reveals "what lies, or could lie, behind the facts". In it, Baeke shows us "the contingent nature of reality" and "its ambiguity": the fact "that what we see doesn't exist in that way".[6]

WRITING

The collection's narrative style, with montaged scenes loosely interwoven with leitmotivs, arises partly from Baeke's poetry-writing processes. Baeke says that he started by writing individual poems. Elements, like the canary, began recurring by chance, but soon gained their own momentum, generating a sense that there was "a cycle in there". Then, he tells the interviewer,

4 "Geen boom in de wolken [No tree in the clouds]", *de Volkskrant*, 11 April 2008, https://www.volkskrant.nl/nieuws-achtergrond/geen-boom-in-de-wolken~b85ecabd/ (my translation).
5 "Jan Baeke", on website *Poetry International*, 2016, https://www.poetry international.org/pi/poet/4019/Jan-Baeke/en/tile.
6 "Wat er achter de feiten ligt [What lies behind the facts]", *deRe-censent.nl*, 25 December 2007, http://www.derecensent.nl/pivot/entry.php?id=653 (my translation).

two people hove into view. I started thinking [...]: what kind of people are they, what moves them? And so a kind of narrative line emerged [...]. There's a man, there's a woman. They relate to each other in a certain way, perhaps share a history and break up at one point. What brought them together and drove them apart again? I found that interesting to investigate.

This encouraged him to write "as many poems as possible to see what story would emerge", and then to weave these and the earlier poems into a narrative. Finally, he filled in any gaps in the development of the characters and their relationship.

Composing the poems, therefore, did not simply consist of writing out a set of ideas. In Baeke's words, "Perception and language influence each other. Language is a way to get a grip on perceived reality." This explains why some poems are more representational, where language serves to communicate events and images seemingly already in the poet's mind. But also why the events and images in other poems seem to be generated by language itself. In the latter case, Baeke is following a tradition in Dutch poetry since the 1960s, pioneered by poets such as Hans Faverey. Here the poem is almost a *Ding an sich*, a self-sufficient entity, rather than a representation of something else: "The impassive endures. / No stone feels delight. / Insects tap and tap inside a lampshade" ('Summer's Way: 11', p. 59).

Sometimes, however, the images simply speak for themselves, leaving us as readers to interpret what they might mean. As in 'I invented him: 1', (p. 111) : "It's not the case that the things around us state nothing. / It's simply that they have no words to make things clear to us. // The moonlight in the kitchen is a sign / that's evanescent / but it does come back".

POETICS AND TRANSLATING

Baeke's use of poetic form follows the mainstream tradition of modernist free verse. Thus he avoids rhyme and rhythm, but uses more subtle poetic effects, such as alliteration and vowel rhyme. In the final lines of 'Only the Beginning Counts: 5', (p. 41) for example, Baeke interlaces syllable-initial *b-* sounds with syllable-final *-k* sounds. I have underlined these in the Dutch original below, and added literal translations in square brackets:

> Je hangt de riemen aan de deur en kleedt je uit.
> [You hang the leads on the door and get undressed.]
> Bij iedere beweging blaft jouw lichaam, ademt hoorbaar
> [At every movement your body barks, breathes audibly]
>
> breekt ons [breaks us]
> alle paniek die daar aanleiding toe vindt
> [all panic which finds a pretext for it]
> en onze gedachten kan bereiken
> [and can reach our thoughts]
> grommend, oren in de nek. [growling, ears in the neck.]

Antoinette Fawcett's accurate, yet poetically sensitive, translations recreate Baeke's sound-effects well, giving a clear sense of his style and poetic drive. In her version of the poem above, in fact, the translation has a similar *b-* and *-k* interlacing as in the original:

> You hang the leashes on the door, undress yourself.
> Every movement of your body is a bark, every breath is audible
>
> unleashing
> panic, breaking into our thoughts
> breaking us, growling
> ears pinned right back.

The fact that Dutch and English are closely related languages helps here, though only in part. The rest is down to Fawcett's own expertise.

Translators of poetry, in fact, need two types of expertise – and hard work too – if they are to convey the original 'source' poet's diction and flow of images in translation. They need exceptional linguistic and poetry-reading skills to understand a source poem's content and how it is conveyed. But they also need poetry-writing skills equal to that of a poet to rewrite this understanding in the new, 'target' language. And this includes the patience required to reshape the first rough draft, over many revisions, into a poem that convinces.

Poetry translators, however, have considerable leeway in how they deploy these skills, and in what sort of a translation they feel would best give voice to the source. In her Translator's Preface, Fawcett explains her own approach. She stresses that the original's tone, sound and feeling should resonate in an English way. She also sees keeping the source poem's "multiple interpretations" as important.

All this is not necessarily easy. But a crucial rule of poetry translation is that translators cannot reproduce the exact word-flow of the source poem if the target poem is to live. It is better to see poetry translators as creating a new, target-language poem that retells their experience of reading the source. Most translators, of course, try to recreate the source poem's sequence of ideas in the target poem. Yet the way these ideas are worded often needs to change. In practice this means both losing and gaining. Letting go of the untranslatable word or nuance. But – to avoid a pale, flattened reflection – compensating by exploiting the possibilities of the target language.

The Dutch quote above, for instance, also shows how Baeke sometimes uses a technique not uncommon in Dutch poetry. This is grammar-play: pushing the boundaries of grammar. And using it to create ambiguity: what, for instance, is growling (*grommend*): your body, or panic? Dutch grammar-play is hard to reproduce in English. One reason is that Dutch and English have very different word-order rules. In good English grammar, for instance, *breekt ons / alle paniek* [breaks us / all panic] in the extract above would read "all panic breaks us". In Baeke's poem, however, *paniek* is followed by a long which-clause, adding an interesting grammatical side-path. Trying to recreate this in English would simply confuse the reader: "all panic which finds a pretext for it / and can reach our thoughts / breaks us".

And delaying "breaks us" for so long would also disrupt the original sequence of images.

There is another reason, however, why Dutch grammar-play resists being recreated in English. It is a much less mainstream technique in English-language poetry – with the exception of Dylan Thomas, say. Therefore, unless translators deploy it sensitively, it risks simply sounding strange to English-language readers. Fawcett does indeed use this technique sensitively. She recasts the grammar completely, using English *-ing* forms to create a slight ambiguity, rather than asking readers to untangle a grammatical Gordian knot: "unleashing / panic, breaking into our thoughts / breaking us, growling". However, she compensates by adding a lexical echo not found in the original Dutch: *breaking–breaking*. And *unleashing* also echoes *leashes* in the previous verse – another parallelism not present in Baeke's original.

In the Translator's Preface, Fawcett describes the working processes that led to these outcomes. As a poetry translator myself, I find these processes especially interesting. One is her physical, bodily engagement with the sounds of the source poem and its emerging translation. Another is the idea of translating as a conversation – between the physically experienced "adventure" of reading the source poem, and the translation as its "English offspring and conversation partner".

Finally, a great advantage of this bilingual edition is that you, as a reader, can join in this conversation. Dutch and English, despite their grammatical differences, are very closely related, especially in vocabulary terms: *je–you, hangt–hang, deur–door, kleedt uit–clothe out,* and so on. So closely, in fact, that even if you have never learned Dutch, you can hopefully follow how Fawcett's words converse with those of Baeke.

Francis R. Jones

Questions, rising up in times of fire
to be a lover for the smoke.
When will it all be ash and not as now, darkness
that I can see, in your eyes, above the sun of your cigarette, burning
and no one with anything to fear, though in the distance
huge groups are coming closer
singing, bleeding, smoking.

Looking is the most miraculous child of darkness.
Close your eyes.
The tattler and the stowaway won't ever find you.

Vragen, in tijden van vuur komen ze tevoorschijn
om voor de rook een minnaar te zijn.
Hoelang nog voor alles as is en niet als nu, donker
wat ik kan zien, aan je ogen, boven de zon van jouw sigaret, brandend
en niemand die iets te vrezen heeft, hoewel grote groepen
in de verte naderen
zingend, bloedend en rokend.

Kijken is het meest wonderlijke kind van de duisternis.
Sluit je ogen.
De prater en de schuilende kunnen jou nooit vinden.

ONLY THE BEGINNING COUNTS
ALLEEN HET BEGIN TELT

1.

Ik moest aan de eindeloze weg denken
die door bussen wordt onderhouden
de weg die sterren over smalle, traag dansende dorpen verdeelt.

Het was niet wat ik wilde zeggen
toen de chauffeur het dorp uit reed
wetend dat het mogelijk was
de ochtend te halen voordat alles doorbrandt
in onblusbaar donker.

Mijn ogen gericht op de plaats waar de maan is gevallen.
Tussen mijn vingers een kleine nerveuze gedachte.
Hoe haar hand op mijn schouder ligt
doortrokken van de kou, haar lichaam
tegen mij aan, ademhalen
tot de morgen alles onbegrepen maakt.

Ik zie hoe iedere beweging vervaagt
omdat haar gedachten niet zijn ingesteld op voltooiing.
Alleen het begin telt
als het eind een open deur is
vanwaaruit je niet ver kan kijken.
De velden rond het volgende dorp
de lantaarns van het busstation
het einde van de wereld.

Als het leven van de buschauffeur hier ophoudt
is er verderop aan het plein een stil café, wat denk jij
en ik vraag het je opnieuw.
Je laat je tanden zien, om mij te overtuigen.
Het kan net zo goed een hemel zijn
daar, boven mij
zo zeker is de nacht.

1.

I couldn't stop thinking of the endless road
the way the buses keep it going, the road that pools
stars above the narrow, slow-dancing villages.

It wasn't what I wanted to say
as the driver drove out of the village
knowing he could reach morning
before everything is burnt up
in a darkness that can't be extinguished.

My eyes on the place where the moon fell.
Between my fingers a small nervous thought.
And her hand rests on my shoulder
drenched with the cold, and her body
leans against me, drawing breath
till morning makes it all misunderstanding.

I see how every movement peters out
because her thoughts aren't tuned to completion.
Only the beginning counts
when the end is an open door
which doesn't let you look far at all.
The fields around the next village
the lights of the bus station
the end of the world.

If the bus driver's life comes to an end here
there's a quiet bar further on, in the square, what do you reckon
and I ask you the question again.
You bare your teeth, to convince me.
It could just as well be a heaven
there, above me
the night is so sure.

2.

In het café op het plein wordt alles teruggebracht
tot veraf en dichtbij.

Jij komt van hier.
Ik ben een maand geleden vertrokken.

De barman hangt in de radio
hoort onze dorst niet, hoort berichten voor het verzet.

Jouw nagels krassen alle neerslag weg.
Ik zie de patronen, de onhandige gebeden, kijk
vooruit de ramen in, zie dat het plein
door steeds grilliger schaduwen bezocht wordt.

Ik zie hoe jij mij dierbaar
zijn kan.
Jij buigt je hoofd.
Het café buigt tegen jou in, stervend glaswerk.

3.

Wat ik in de hotelkamer vond was al van anderen geweest
was van herinneringen doortrokken.
Kanttekeningen die ook mij aangingen
routes die, wat iedereen weet, naar de verkeerde plaatsen voeren.
Oude wandelpaden, niet de wegen die we willen vinden.
In een gang uiteengezongen onbegrip.

Ik had het kunnen zijn die daar zingt
vol weemoed en herkenning
omdat waar ik nog niet geweest ben
me nu al beklemt.

2.

In the bar in the square everything is cut back
to far-off and nearby.

You come from here.
I left a month ago.

The barman is glued to the radio
deaf to our thirst, listening to messages for the resistance.

Your nails scrape away all the sticky stuff.
I see the patterns, the awkward prayers, look
straight ahead, right through the windows
and see the square visited by ever stranger shadows.

I see how dear to me
you could be.
You bend your head.
The bar bends in towards you, all its glasses dying.

3.

What I found in the hotel room already belonged to others
was steeped in memories.
Footnotes that applied to me as well
routes which, as everyone knows, lead to the wrong places.
Old footpaths, not the roads we wish to find.
Misunderstandings singing down the corridor.

I could have been the person singing there
full of sadness and recognition
because somewhere I haven't been yet
is already haunting me.

Radiostilte, plein, busstation
ik heb het meeste weggefloten
maar er klinken droge knallen in de verte
en een hond dringt binnen
gaat tegen de ruit staan
klaar voor een nachtelijk vonnis.

4.

Wie een vuur in de kamer bewaart
bewaart ook de verleiding
om zichzelf te verbranden.

Jij bent begaan met het vuur.
Het vult je kamer.

Ik zie hoe jouw hand op de stoelleuning rust
een sigaret tot op jouw vingers opbrandt
jij in een reflex beweegt en mijn lichaam
als schaduw van jouw pijn

door het raam zichtbaar zal worden
wat valt
ook de sigaret.

Mooi is het rood van jouw mond
bij het spreken, het zwart
van de vlam in jouw oog.

Waar vuur is, is warmte voor twee.
Welke woorden volgen mij
om jou te helpen hervinden
tussen wat verbrand is
en niet langer te herkennen?

Radio silence, the square, the bus station
I've whistled most of it away
but there are sharp explosions in the distance
and a dog forces its way in
puts its paws against the window
ready for a nightly verdict.

4.

Those who hoard fire in their rooms
also hoard the temptation
to set themselves burning.

You feel sorry for the fire.
It fills your room.

I see your hand resting on the arm of your chair
see a cigarette burn down to your fingers
see you move in a reflex and my body
as the shadow of your pain

all that is falling taking shape
in the window and
the cigarette also.

The red of your mouth is beautiful
when you speak, beautiful the black
of the flame in your eyes.

Where there's fire, there's warmth for two.
Which words are following me
to help me find you again
in all that's burnt and
no longer recognizable?

31

5.

Jouw witte huid
en de damp die je uit de badkamer meeneemt
om je heen slaat, uitademt als je je armen strekt.
Een tekening die tanden en een handgemeen bewijst.

Drukte in een stem ver weg
het hijgen dat daarbij hoort. Plotseling opkomende hitte
die mij op de longen werkt
het hele vertrek laat hoesten.

Hoe de uren binnenvallen
hoe verkeer en ruzie zich op de muren afzetten.
Alleen de honden die jou achtervolgen
kan ik niet verdragen.

Jij bent de badkamer voor.
Je hangt de riemen aan de deur en kleedt je uit.
Bij iedere beweging blaft jouw lichaam, ademt hoorbaar

breekt ons
alle paniek die daar aanleiding toe vindt
en onze gedachten kan bereiken
grommend, oren in de nek.

6.

Ik was jouw bloed zo dicht genaderd dat jouw warmte zich
met de mijne vermengde.
Mijn lichaam voelde opgestookt
het jouwe aan de randen geschroeid, deel van de grote branden
waarin de geschiedenis bestaat.

5.

Your white skin
and the steam you bring from the bathroom
wraps around you, breathes out when you stretch your arms.
A sketch that shows teeth and a fist-fight.

A sense of flurry in a far-distant voice
the panting that goes with it. Sudden heat setting in
working on my lungs
making the whole room cough.

How the hours burst inside,
how traffic and squabbles cling to the walls.
It's just the dogs pursuing you
I can't stand.

You're one jump ahead of the bathroom.
You hang the leashes on the door, undress yourself.
Every movement of your body is a bark, every breath is audible

unleashing
panic, breaking into our thoughts
breaking us, growling
ears pinned right back.

6.

I'd come so close to your blood that your warmth
mingled with my own.
My body was all fired up
yours felt singed at the edges, part of the conflagrations
in which history exists.

We zaten in een geschiedenis
die door familie werd geïllustreerd.

'Mijn vader heeft een uur lang tegen mij staan schreeuwen.'
Je deed mij voor hoe jullie elkaar opjoegen
hoe de oorlog dreigde, hoe de melk
over de keukenvloer stroomde, het huis uit
langs het kerkhof
een school met zingende kinderen in.

Broers en zusters maakten gepaste gebaren. Wij smolten bijna.
De warmte was in onze monden bol gaan staan
brak door, werd rood
in het gezicht van onze geciteerde verwanten.

Er klopten teveel ingewanden om tegen elkaar stil te blijven.
De pijn waar ik mezelf gebeten had.
Waren alle anderen ook opgestaan om te schreeuwen
of had die notie ons met geschreeuw volgestopt ?

7.

Door de gangen van het oude hotel
konden we de harnassen horen dwalen
het fluiten van bronchitis
onder de huid van rafelige kelners.

Het volgende gangenstelsel.
We liepen door de uitgestorven wagons
van een trein die radeloos
op het zuiden van het land afstormde.

We were trapped in a history
our families illustrated.

'My father once yelled at me for a whole hour.'
You acted out the way you egged each other on
how war was looming, how milk
spilled onto the kitchen floor, streamed out of the house
past the churchyard
into a school where children were singing.

Brothers and sisters made appropriate gestures. We almost melted.
The heat bulged inside our mouths
broke through, went red
in the faces of relatives we were invoking.

Our guts thumping much too hard to stay quiet with each other.
The pain where I'd bitten myself.
Did all the others rise up too and start screeching
or was it this idea that crammed us so full of uproar?

7.

Through the corridors of the old hotel
we could hear the suits of armour roaming
the whistle of bronchitis
under the skin of tattered waiters.

The next labyrinth.
We were moving through the deserted
carriages of a train charging headlong
to the south of the country.

We konden niemand vragen naar de berg
of naar het boek over de berg.
We konden niemand vragen
ons tot het volgende dorp te vergezellen.

Verder, door de stegen
van een buitenlandse krant
door een wirwar van vermaningen
en haastig neergezette bordjes.

Alles, buiten de rimpels in onze voorhoofden
en de vingers van jouw hand in de mijne.
Ook de kleine berg van onze ledematen
onder grijze wollen dekens.

Ik ga mee tot de avond valt
boven de weggeschoten huizen
tot de ochtend wanneer jij
de stenen op volgorde hebt gekregen.

Kijk, een berg! Kijk, een hotel, hoe het lijkt!
Vroeg of laat komt het daarop aan.
Vroeg of laat begint
waar wij aan hechten en wat wij verspillen.

8.

Ik weet dat jij als ik niet naar buiten kijk
om het weinige te ontwaren
dat al zo mooi aan deze nacht is
het weinige dat meer dan genoeg is
voor mij bekijken zal.

We could ask no one about the mountain
or about the book about the mountain.
We could ask no one to go along with us
till we reached the next village.

Onwards, through the alleys
of a foreign newspaper
through a maze of admonitions
and hastily placed signboards.

Everything, except the wrinkles in our foreheads
and the fingers of your hand in mine.
Also the little mountain of our bodies
under the grey woollen blankets.

I go along till night falls
on the shelled, ruined houses
till the morning when you manage
to get the stones in their correct order.

Look, a mountain! Look, a hotel! It's really like one!
Sooner or later it comes down to this.
Sooner or later it begins –
what we're attached to and what we squander.

8.

I know that if I don't look out
to observe the very little
that's already lovely in this night
you will take the very little
that is more than enough
and look at it for me.

9.

Ik moet naar buiten maar de telefoon gaat.
Drukkende warmte.
Geen gehoor. Luide stemmen.

Alles moet tegelijkertijd, gaat in mijn hoofd
een vrouw bedenken, een bed zien onder die vrouw
een hond zien, een radio horen door de muziek heen
een kanarie en mijzelf zien fluiten in het raam.

Het is zeker dat mijn hoofd nu beter werkt veel beter.
De nacht is ruimer, breder
een venster waar er voorheen geen was.

De geluiden en ik delen het donker.
Het is volkomen donker.

De geluiden trekken het veld door
het dorp binnen
beginnen een circus
en laten het branden
zijn sterk in het onheil
verzwijgen dat niet
verklaren niets
hebben het land verbeterd
en vervolgens teruggestuurd.

Veel vuur en regen maken nu.
De hond mezelf te eten geven.

9.

I should go out of doors but the telephone's ringing.
Oppressive heat.
No answer. Loud voices.

It all ought to be at once, the thought churns in my head
dreaming up a woman, seeing a bed under that woman
seeing a dog, hearing a radio through the music
seeing a canary and myself whistling in the window.

My head's definitely working better now much better.
The night is more spacious, wider
a window where there wasn't one before.

The sounds and I share the darkness.
It's completely dark.

The sounds pass through the fields
into the village
start a circus
and let it burn.
They're strong in disaster.
They don't conceal it.
They don't explain anything.
They've improved the country
then sent it back again.

Make a lot of fire and rain now.
Give the dog myself to eat.

10.

Mijzelf de kleur van een haan gegeven
om zijn geluid te winnen.
Slapers kunnen hem niet horen.
Rokers dringen de gedachte aan een haan binnen
om zijn vlees te kopen
of te nemen wat ze uit hun slaap houdt.

Ik werd ook wakker
en liet lage keelgeluiden achter
bij hen die zich in een doodlopende straat
hadden verzameld
om de wereld te wegen
om de haan te offeren aan hun nachtrust.

De eerste mens van deze ochtend
maalde koffie in de keuken
alsof niets anders er toe deed.

10.

Camouflaged myself as a cockerel
to achieve its sound.
Sleepers can't hear it.
Smokers break into the idea of a cockerel
so they can buy its flesh
or take what keeps them from their sleep.

I woke up as well
and left the low guttural sounds behind
with those who'd gathered
in a blind alley
to weigh the world
to sacrifice the cockerel to their night's rest.

The very first human this morning
stood grinding coffee in the kitchen
as if nothing else mattered.

SUMMER'S WAY
DE KANT VAN DE ZOMER

1.

Ik heb het raam dichtgedaan om de zomer niet te horen
maar de zon brandt door de muren
en de vliegen draaien hun motoren klem in de gordijnen.

Een hond en een kind kunnen blijven slapen
tot het gisteren wordt.
Auto's die nog stilstaan. Adem, zonder te bewegen.
Het glas in mijn hand bevat schommelend water.

Maar de zomer is een luid blaffende hond.
De zomer is een optocht van geluiden.
en de vliegen raken niet op.
Het raam heeft geen enkele functie.

2.

Mijn lichaam begint nieuw
en nutteloos vlees te maken.
Onderhuids en waar de druk het grootst is
zichtbare maar minuscule ledematen.

De dagen dat ik zweet
zijn trager geworden, langer
zetten in de plooien van mijn buik
hardnekkig roze broodkruim af.
Losse punten, komma's, bederf
verraden onbruikbaarheid
betekenen last
in tijden van vuur en verzet.

1.

I've closed the window so I won't hear the summer
but the sun burns through the walls
and flies are revving their engines in the curtains.

Dogs and children can carry on sleeping
until it turns to yesterday.
Cars still motionless. Breathe, without moving.
The glass in my hand is full of rocking water.

But summer is a dog barking loudly.
Summer is a parade of sounds
and the supply of flies hasn't dwindled.
The window doesn't have the slightest function.

2.

My body has begun
to make new and useless flesh.
Under the skin and at the points of greatest pressure
visible though tiny appendages.

The days I sweat have grown
more sluggish, longer
stashing stubborn pink breadcrumbs
in the folds of my belly. Scattered
full stops, commas, and decay
reveal uselessness
and are a nuisance
in times of fire and fighting back.

Mijn huid weet zich geen raad
met het teveel aan zout, aan suikers
maagzuur en het brandende gevoel
iets te moeten zeggen
om mijn slokdarm te ontzien.

Maar ik zwijg
laat het hele buizenstelsel branden
hang aan het haar in mijn oren
en mijn neus, verkleur in de zon
zwijg niet langer
ontken, zal doorslaan
begin onaangenaam te ruiken.

3.

De aanraking van een hand.
Handen die als dieren zonder schaamte
zonder herinnering te voorschijn komen.

Is dit de manier
om meningen te mijden
en kleine dunne wanen van het hoofd.
Kan dit als jij binnenkomt?
Kan dit zonder merkbare beweging?
Kan ik zeggen hoe beweging ons voor vervolging
herkenbaar maakt?

Die wetenschap maakt handen nobel en nuttig.
Dan is zwijgen ook een handbeweging
die vooruitloopt, opstaat
wacht tot zij zich terugtrekken.

Handen zijn gemaakt om te verbeteren.
De handen zelf het meest.

My skin has no idea what to do
with this excess of salt and sugars –
heartburn and the sour feeling
that I must say something
to keep my gullet happy.

But I don't say a word. I'll let
the whole piping system go up in flames
cling to the hairs in my ears
and nose, go brown in the sun.
I can't keep quiet any longer.
I'll deny things, blab
start smelling a bit off.

3.

The touch of a hand.
Hands that appear, without embarrassment
without memory, like animals.

Is this the way
to avoid opinions
and tenuous illusions of the mind?
Is this permitted when you enter?
Is this possible without any obvious movement?
May I say how movement makes us recognizable
lays us open to persecution?

That knowledge makes hands useful and noble.
Then silence is also a gesture
that runs ahead, rises
waits till they retreat.

Hands are made to make things better.
Hands themselves above all.

4.

Hoe de warmte voor te blijven?

Zweten, stil zitten, denken aan de plicht
gedachten leeg te laten, bijvoorbeeld licht zijn
of het geruis van de schepping omhelzen

zien dat god oversteekt, op weg
om een boom om te hakken
of stil in een schrift alle tongen noteren.

Over de landweg trekt een colonne mieren
zonder nadruk, zonder boodschap
zonder nageslacht of firma.

Over dezelfde weg waren landarbeiders
en de overlevenden van een gitzwart tijdperk
het dorp binnen gelopen.

De kersen waren geplukt, hout lag in stapels naast de huizen
de kachels werden gestookt met ongelezen proclamaties.

De burgemeester stond in de deur van het café.
'Hebben jullie al iets te eten gehad?'
'Ja, een heleboel', sprak de enige
die nog een tong bezat.

*

Kinderstemmen roepen kus me kus me.
Geen rookstemmen.

4.

How to keep ahead of the heat?

Sweating, doing nothing, thinking about the duty
to make one's thoughts empty, being light, for example
or embracing the rustle of creation

seeing that God is passing, on his way
to chopping down a tree or quietly
recording every tongue in a notebook.

A column of ants moves down a country road
without emphasis, without a message
without posterity or partnerships.

Farm labourers and the survivors
of a pitch-black era walked into the village
along the same road.

The cherries had been picked, wood was stacked in piles by the houses
stoves were fed with unread proclamations.

The mayor stood by the open door of the bar.
'Have you had a bite to eat already?'
'Yes, plenty,' said the only one
who had a tongue left.

*

Children's voices cry out kiss me kiss me.
No smoke-soaked voices.

5.

God wil mij voor zich winnen of elke god wil dat
wil de ruimte, wil erbarmen zeggen
dat wil zeggen wie zijn kind, zijn vrouw verdedigt
wil erbarmen zeggen zoals god dat als geen ander kan

zegt dan in een klein geluid
mooi weer
penitentie
zegt dan
kanarie.

6.

Ramen keken uit op elkaar.
Ik dacht dat kijken het belangrijkste was.

Op een ochtend ontsnapte de kanarie uit zijn kooi.
Ik liep naar de binnenplaats van het hotel
en ging zitten wachten.

Steeds als iets de stilte doorbrak
dacht ik hem te horen
maar het was de kanarie niet.

's Avonds, toen ik op bed lag
klonk ineens een stem vanaf het plein voor het hotel.
Een vogel floot, er steeg gezang op.

Ik deed het raam dicht
om de kanarie die zich in mijn droom genesteld had
niet te misleiden.

5.

God wants to win me to his side, in fact every god wants that
wants the whole of space, wants to say mercy
that is to say, whoever tries to shield his wife and child
wants to say mercy as god does, far better than others

so says in a still small voice
nice weather
penance
then says
canary.

6.

Windows looked onto each other.
I thought that looking was the most important.

One morning the canary escaped from its cage.
I went to the hotel courtyard
sat down and waited.

Each time something broke the silence
I thought I heard it
but it wasn't the canary.

At night, when I was in bed
a voice called from the square by the hotel.
A bird whistled, songs ascended.

I closed the window
because I didn't want to mislead the canary
that had nestled in my dream.

Maar die nacht brak in mijn droom een onweer los.
De omstanders vloekten
verdwenen het huis in met de verraders.

De marteling waarvoor je je afsluit.
Je moet kijken tijdens het slaan en het prijzen.

7.

Ik heb een kaart geschreven, een kaart gestuurd.
Ik heb de kanarie een kaart gestuurd.
Ik heb mijn hoofd geschreven
alles is zoals het is, banaal of verbazingwekkend
of misschien niet, van een afstand gezien
zoals 's avonds je handen wassen
zonder handen.

Waarom staat die kooi open?
Waarom is de kanarie groot en dreigend?
Ergens valt iets dat niemand heeft aangeraakt
van een plank.

Dit aan de kanarie verklaren
dat in iedere vogel
het complete gezang van de wereld dringt.

But in my dream that night a tempest raged.
The bystanders cursed and swore
vanishing inside the house with the betrayers.

The torture you shut your eyes to.
You have to look during the pounding and the praising.

7.

I wrote a postcard and I sent a postcard.
I sent the canary a postcard.
I wrote to my own head
everything is as it is, banal or amazing
or perhaps not, viewed from a distance
like washing your hands at night
with no hands.

Why is the cage open?
Why is the canary so big and threatening?
Somewhere something no one has touched falls
from a shelf.

Should explain this to the canary
that in every bird
all the songs of the world are surging.

8.

Hoofd scheren. Hals scheren. Haar voor haar een baard verwijderen. Het uitzicht met foto's dichtplakken. Het oog bedekken dat uit een bouwval stenen wil maken, uit stenen aanwijzingen. Vermijden een kapel te zien, achter donkergroene cipressen.

Teruggaan, doorgaan. Ongemerkt het hotel verlaten. Niet ademen voor het plein overgestoken is. Je bedwingen een naam te onthouden. Niet bestellen, niet toegeven, niet ondergaan zoals de zon maar roepen als een lawine, zwijgen als glas. Denken en daaraan niet denken en die gedachte mijden en in die gedachte verdwalen en die gedachte opschrijven en verscheuren en onder die gedachte bezwijken, het hoofd wegdraaien, opstaan, weglopen.

Haar zien groeien. Één uur, twee uur, drie uur, ieder uur, elke minuut in je slaap tellen, tellen tot je slaapt, tot het vuur dooft, de hemel brandt, de brand tot de morgen duurt, tot ze lachen, hoe dat lachen zich tegoed doet aan anderen die door dat zelfde lachen worden bezeten.

Hoe dat een soortgelijke middag dient of enkele dagen, de laatste maanden, andere mogelijkheden. Desgevraagd de vraag willen begrijpen, vlam vatten, een zin beëindigen. Deze. Een andere. Punt.

8.

Shave your head. Shave your neck. Get rid of a beard, hair by hair. Stick photos across the vista. Cover the eye that wants to make bricks from a ruin, instructions from bricks. Avoid seeing a chapel behind dark-green cypresses.

Go back, go forwards. Leave the hotel without being seen. Don't breathe before the square has been crossed. Restrain yourself from remembering a name. Don't place an order, don't give in, don't go down like the sun but cry out like an avalanche, be silent like glass. Think and don't think about thinking and avoid that thought and get lost in that thought and write that thought down and tear it up and succumb to it, turn your head away, rise up, walk off.

See hair growing. One o'clock, two o'clock, three o'clock, every hour of the clock, count every minute in your sleep, count till you sleep, till the fire dies down, heaven burns, the fire lasts till morning, till they laugh, how that laughter feasts on others obsessed by the same laughing.

How that requires a similar afternoon or a few days, the last few months, other possibilities. If questioned wish to understand the question, catch fire, complete a sentence. This one. Another one. Stop.

9.

Achteruitgereden waar, krantenberichten, doorgefokte zenuwen
niets lest de hongerende uren.
Het goedkope dromen is voor even voorbij.
Iedere stap die gezet wordt verteert de vorige.

Het is tijd alle spreken te vermijden
om het naderen van de honden
als eerste te horen.

Hun bazen, die er nog altijd zijn, dichterbij dan ooit
die niet te volgen zijn, die zich
tot het verleden wenden
in de hoop hun ouders te kunnen bekeren.
Het is welgedaan.

De keer op keer gehavenden bereiken nooit hun thuis
maar ze hebben de nacht en de nacht heeft het geduld
om alles op te sommen.

10.

Niemand die een wolk wil zijn, of as.
Niemand die een rivier wil zijn en slapen als een rivier
maar ook wil iedereen een wolk of een rivier zijn
als er tijd is of reden om de vorige avond, het vorige gesprek te
    vergeten.

Iemand die as wil zijn om die sigaret niet meer te willen
om niet meer, voor de zoveelste keer, de akker plat te branden
en de aarde, dik en droog als een huid, om vergiffenis te smeken.

9.

Stuff crushed by reversing, newspaper stories, over-bred nervous systems
nothing quells the hungry hours.
We're done with cheap dreaming, for the moment.
Every step devours the last one.

Now is the time to avoid all speech
so that when the dogs come closer
we'll be the first to hear them.

Their owners who are still there, nearer than ever
focused on the past, hoping
to convert their parents
can't be tracked.
This is well done.

The ones who've been thrashed, time and again, will never reach
    their homes
but the night is theirs and the night has the patience
to make a summing up of it all.

10.

No one wants to be a cloud, or ash.
No one wants to be a river and sleep like a river
yet everyone wants to be a cloud or a river
if there's time enough or reason
to forget the previous night, the previous conversation.

Someone wants to be ash so they won't want that cigarette again
so they won't, for the umpteenth time, burn the field to the ground
so they can beg the earth, dense and dry as skin, for forgiveness.

Op de daken, in de toppen van de bomen
in een rechte lijn naar de horizon kruipend
altijd armen te kort voor de wolken
en in het zand het zweet de bijbehorende sigaretten
die de rivier verdreven
zoals de regen dicht bij de rivier is
en de as bij de bedding.

11.

Wat onverstoorbaar is heeft duur.
Geen steen heeft vreugde.
Insecten tikken zich te pletter in de lamp.

Ik weet niet of het anders moet
of ik een ander ritme volhoud.
Ik ben een nauwgezet geheugen
aan het overtrekken
in een chloorzuiver laken.

Ik tik tegen de muur in mijn beste morse.
Vermoedelijk gaat alles goed.
Maar dan met spelfouten.

De steen lijkt een hond heeft de kleur van het stof
dat hem bedekt.
Het stof dat alles bedekt.
Daarna het beeld dat jouw hele gestalte bedekt.

On the roofs, in the treetops
crawling in a straight line to the horizon
there are always arms too short for the clouds
and in the sand the sweat, the requisite cigarettes
that drove the river away
as the rain is close to the river
and the ash to its channel.

11.

The impassive endures.
No stone feels delight.
Insects tap and tap inside a lampshade.

I don't know if it should be otherwise
if I can keep up another rhythm.
I am busy wrapping
a precise memory
in a sheet treated with chlorine.

I tap the wall in my best Morse code.
Presumably it will all work well.
But with spelling mistakes, of course.

The stone looks like a dog, has the colour of the dust
that covers it.
The dust that covers everything.
And afterwards the image that coats the whole of your form.

12.

Boven de stad uitgezet trekt het onweer door de berichten als
mijn onweer.

Niet dat deze wolkbreuk mijn bezit kan worden genoemd
of dat door de bliksem getroffen dieren mij toevallen
zoals een slopende ziekte of dronken en tragische weduwen.

Niet het omgekeerde. Dat iedere stap die ik zet, ieder
door mij geweigerd woord voor mij bepaald werd zoals die weigering
bepaald werd door een gewetenloze god, een herinnering, een familie
een mens met een ijzeren verstand, schilfers geoxideerd gedachtegoed –

Nee, het rammelen van spijkers boven het landschap
wil dat hij zich stil houdt
voor wie een sigaret de lont is aan het laatste jaar.

Onweer is nooit hier en nooit meteen.
Het deelt het struikelen van de tijd met een explosie.

13.

De minuten zitten er min of meer op.
Gesmolten glas onder de tafels.
Donkere hitte maakt haaien van de honden.
Wanhoop of niet, onzeker blijft in welk verleden we ons bevinden.

Zouden we de argumenten vinden om uit op te staan, dat is
het onnadrukkelijke, onbelaste rekken van het lichaam.

12.

The thunderstorm swelling over the city trails through the news like
my own thunderstorm.

Not that this cloudburst can be called my private possession
nor are creatures struck by lightning my inheritance
like degenerative diseases or drunk and tragic widows.

Not the reverse either. That every step I take, every
word I refused was intended for me just as that refusal
was determined by a god without a conscience, a memory, a family
someone with a mind like iron, flakes of rusted ideas –

No, the racketing of nails above the landscape
wants him to remain completely still
for whoever sets a cigarette as a fuse to last year.

Thunder is never here, never instantaneous.
It shares the stuttering of time with an explosion.

13.

The minutes are finished, more or less.
Molten glass under the tables.
Dark heat is turning the dogs into sharks.
Despair or not, it isn't really clear which past we've landed in.

If we could find arguments to rise from, that's
the way to stretch the body, discreetly, freely.

De seconde voor dat rekken wil de eerste, de gewoonste zijn
kan niet zonder dat het uur waarin die seconde leven wil
op winnen staat.

Alleen uit verdediging, om de verdwijning bij te houden
werken onze speekselklieren
houden ze onze tanden nat.

De wind steekt op
strooit zand in onze ogen.
Er is veel dat ons overstemt.

The second before that stretching wants to be the first one
the most humdrum
can't happen unless the hour in which that second wants to live
begins to triumph.

Our salivary glands work only to defend us
to keep track of disappearance
to keep our teeth wet.

The wind is rising
throwing sand in our eyes.
There's so much that shouts us down.

WHAT COULDN'T BE OTHERWISE
WAT NIET ANDERS KON

1.

Ik moet naar buiten, maar de telefoon gaat. Drukkende warmte. Geen gehoor, maar toch een brief die op de binnenplaats van het hotel wordt voorgedragen. Luide stemmen. Alles moet tegelijkertijd. Een stem leest, een andere stem levert commentaar. Daarbovenuit stofzuigers, ventilatoren, dwarrelend beddengoed, fluitsolo, iets in mijn hoofd dat tegen alle geluiden in beukt.
Een hond in de verte. Zou zweren dat zij daar net lag, in een hoek van de kamer, blaffend tegen het vuur in de kachel van mijn benauwde winterappartement. De kanarie valt stil, bij gebrek aan zuurstof.

Hoe moeten we dit opvatten, nu de dieren stukgaan?

De week begint slecht. Maandaglicht valt op de kleine reproductie naast de deur, in de ogen van de madonna. Staat zij een nacht aan het eind van mijn bed. De volgende dag is de hele stad donker.

Er klopt iemand op de deur en kucht. Gestommel daarna, de geur van oud verband, het knakken van de vingers op de tast.

Het is tijd om de blinde mee uit wandelen te nemen. In een land waar die tijd onvermijdelijk is.

1.

I have to leave, but the telephone's ringing. Oppressive heat.
No answer. Still, a letter is being declaimed in the hotel's
inner patio. Loud voices. Everything has to be simultaneous.
One voice reading, another voice making comments. And
above it all vacuum cleaners, extractor fans, whirling
bedclothes, a flute solo, something in my head that pounds
against all sounds.
A dog in the distance. I'd swear she was here just now in a
corner of the room of my stuffy winter apartment, barking at
the fire in the stove. Lacking oxygen, the canary falls silent.

How should we interpret this, now the animals are falling
to pieces?

The week starts badly. Monday light falls onto the little
reproduction by the door, into the eyes of the Madonna. She
stands a whole night at the foot of my bed. The next day all
the city is in darkness.

Someone knocks at the door and coughs. Then thumping,
the smell of old bandages, the crack of knuckles groping.

It's time to take the blind man out for a walk. In a country
where that time can't be avoided.

2.

Water is onhoudbaar, licht is dat
maar een definitief gebaar
aan een vader, een vrouw, een kind
is dat ook.

Ik zocht papier om alles uit te leggen
zelfs het aanhoudende gepiep in de scharnieren
het haar van de hond door het huis
dat ook de kraan een rol speelde, het water
dat in druppels in de gootsteen viel.

Het bed was te smal, de plafonds scheerden laag
over onze hoofden, behang
groeide sneller dan waar ook ter wereld
en zocht op mijn huid zijn weg.

De seizoenen gingen hun gang, weigerden geschiedenis te worden.
Ik zei: 'Het water liep ons over de rug.'
Het kind kwam en wat water was werd bloed en zout
en geluid dat zich door mijn slaap heen
mijn ingewanden binnen vocht.

Stel dat een blind kind een rol speelt
bijvoorbeeld
dat blind is
of een broer die blind is
of de vader was blind en iemand heeft hem niet gewaarschuwd.

2.

Water is unstoppable, light also
but a final gesture
to a father, a woman, a child
is that too.

I looked for paper to explain everything
even the incessant squeaking of the hinges
the dog's hairs all over the house
how the tap also played a role, the water
that dripped into the sink.

The bed was too narrow, ceilings skimmed low
over our heads, wallpaper
grew faster than anywhere else in the world
and felt its way across my skin.

The seasons went their own sweet way, refusing to turn into history.
I said: 'The water ran down our backs.'
The child came and what was water changed to blood and salt
and sound that battled its way through my sleep
and into my entrails.

Imagine a blind child playing a role
for example
that it is blind
or that its brother is blind
or the father was blind and someone didn't warn him.

3.

Water bereikt ons.
Het misverstand dat iemand op de lippen staat.
Een vel dat over het plein waait.
Verstookte lucht.

De zomer waait in je nek
die de nek van een jong schichtig meisje is.
Omdat spraak niet veel zegt wordt er gewezen.

Jij houdt nog iets over, ik vraag niet om meer
krijg liedjes te leen van wie zich verlaten voelen
en dat menen te menen.

Iemand licht het land bij
met een brandende sigaret in de hand.

Veertien dagen lang smeulen de buitenste akkers.
Het is maar de vraag wat dan blijft of verdwijnt
of aan een zekere dag
valt terug te betalen.

4.

Er is een wachtwoord dat jouw naam draagt
misschien om naar binnen te kunnen
of buiten te verdwijnen zonder dat ze het merken.

Er hoort natuurlijk een lichaam bij, een mooie jurk
tot in de plooien gegroet, jawel meneer.
Ik vrees het wachtwoord niet te weten.

3.

Water is reaching us.
The misperception that's up to someone's neck.
A sheet of paper blowing across the square.
Burnt air.

Summer blows on the back of your neck
which is the neck of a young skittish girl.
Because speech doesn't say much, we have to point things out.

You keep a little something back, I don't ask for more
get to borrow songs from those who feel abandoned
and really think they think that.

Someone lights the land
with a burning cigarette in their fingers.

For fourteen days the outer fields are smouldering.
It's just a question of what survives or disappears
or what will one day
have to be paid back.

4.

There's a password that bears your name
so someone can get inside perhaps
or vanish out of doors without them noticing.

A body belongs to it of course, a pretty dress
hailed right down to the pleats, sure enough sir.
I'm afraid I don't know the password.

Voor die bekentenis je schoenen aandoen
je das rechttrekken.
Ze blijven je aankijken, eisen je tong als het woord uitblijft.

Ik tel nog sneller tot drie
weet nog wie mijn moeder was.

Dat is het woord niet.
Er moet een leven zijn
met gewoontes, zich treinen herinnerend

rokend, stilte op het gezicht.
Aanwijzingen voor een god die doet voelen?
We weten het niet, buiten die woorden om.

5.

Jij zei niet: in het korenveld
in het spaarzame licht, dat ik mij herinner.
Jij zei niet: onder de fruitbomen aan de voet van de heuvel
in een staat van verwarring.
Jij zei niet: met onbekende bestemming, in een impuls
zonder iets te zeggen, zonder te zeggen hoe zou het zijn.
Jij zei niet: sneeuw en hitte en tijd kleefden aan de trein
maar ook een verschrikkelijke stilte, loeiend in een maanloze nacht
Jij zei niet: het duurt niet lang, het duurt niet lang.
Jij zei niet: een eindeloze vlakte en tenslotte die omheining
een arm, een been, iedere keer opnieuw
die heen en weer zwiepende takken
dan weer een gezicht.
Jij zei niet: hoe goed, maar te weinig.

Put your shoes on before that confession
and straighten your tie.
They keep staring at you, demand your tongue if the word doesn't come.

I count to three even faster
remember who my mother was.

That isn't the word.
There has to be a life
with habits, remembering trains

smoking, stillness on the face.
Indications of a god who makes his presence felt?
We don't know, beyond those words.

5.

You didn't say: in the corn field
in the low light, which I remember.
You didn't say: under the fruit trees at the foot of the hill
in a state of confusion.
You didn't say: destination unknown, on an impulse
without saying anything, without saying how it would be.
You didn't say: snow and heat and time adhered to the train
but a terrible silence too, bellowing in a moonless night.
You didn't say: it can't take long, it can't take long.
You didn't say: an endless plain and finally that fencing
an arm, a leg, each time anew
those branches lashing back and forth
and then a face again.
You didn't say: how nice, but too little.

Dit zei jij niet
door het vuur
op mondhoogte ontstoken
nu wat gebeurd is nog altijd niet kan worden beëindigd.

6.

Vuur, achtervolg de voetstap van de sigaret.

Ik kan het geluid van mijn voetstappen niet meer horen.
Ik steek met jouw hand en jouw vuur
een sigaret op
in jouw mond.

Heb ik de bewegingen gezien die jou herkenbaar maakten
heb ik jou uit jouw woorden losgemaakt
heb ik om mijzelf als om jou gezweet?

Een man in een donker vertrek helpt een vrouw
uit haar vermoeide houding.
Ik kijk haar na, een volle zomer.

Rook dwaalt door haar bloedbaan
maakt plezier
brandt de dorre bladeren weg
voor de regen het vuur gezelschap zal houden.

Daal zacht neer op de man, regen.
Daal neer op de sigaret
zonder deze te doven.

You didn't say this
through the fire
that flamed at mouth-height
now that what has happened can still not be finished.

6.

Fire, follow the footsteps of the cigarette.

I can no longer hear the sound of my footsteps.
I use your hand and your fire
to light a cigarette
in your mouth.

Did I see the movements that made you recognizable?
Have I released you from your words?
Have I sweated for myself as I sweated for you?

A man in a dark room helps a woman
take off her tired posture.
I follow her with my eyes, a full summer.

Smoke roams through her bloodstream
creates pleasure
burns away the dry leaves
before the rain keeps the fire company.

Fall gently on the man, rain.
Fall onto the cigarette
without quenching it.

7.

Een mondhoek met een sigaret
en zwijgend in de rook van een beginnende sigaretlange hoofdpijn
jouw handen tellend tegen de minuten in.

De niet zo achteloze vingers door het haar
langs de nek, langs de actuele details van mijn lichaam
het gebrek aan concentratie, de gedachte
dat gebrek eerder gezien te hebben.

Onvermijdelijk dat de koffie koud werd
dat de kou waar we in roerden weigerde koffie te worden

dat jij opstond, dat jij uren later opstond
dat ik niet doorhad dat jij allang vertrokken was.

De moeder dooft haar sigaret.
De kleine jongen loopt de hal in, valt, slaapt
is de hal uitgegroeid, verwenst de moeder
noemt haar bij haar echte naam, staat voor de spiegel
ziet het wit in zijn ogen, wordt alles
behalve dat wit.

8.

Fijn geknoopt ijzerdraad, een wonder van roest
voor een vinger haast te veel om te merken
hoe schilfers van ons afspringen
hoe de huid verkleurt, hoe alles gaat schuiven.

Wespen bezetten het ontstoken fruit.
Handen liggen in bleek papier, maar lopen rood uit.

7.

The corner of a mouth with a cigarette
and your hands, keeping silent in the smoke of an imminent
cigarette-long headache, counting against the minutes.

The not-so-careless fingers through the hair
along the neck, along the current details of my body
the lack of concentration, the idea
of having come across that lack before.

It was inevitable that the coffee grew cold
that the cold we stirred refused to become coffee

that you got up, that you got up hours later
that I didn't realize you had long departed.

The mother puts out her cigarette.
The little boy walks into the hall, falls, sleeps
has outgrown the hall, curses the mother
calls her by her true name, stands in front of the mirror
sees the white in his eyes, becomes everything
except that whiteness.

8.

Finely knotted wire, a marvel of rust
almost too much for a finger to notice
how flakes are flying off us
how skin changes colour, how everything starts slipping.

Wasps occupy the infected fruit.
Hands rest in pale paper, but come out red.

Voor onze wonden is er een donker en vochtig huis
en uiteindelijk het water.

Ik kies de hamerslagen in mijn hoofd.
Van deze muziek bestaat een versie die kabbelend
tegen de kade tikt en één die op de rotsen beukt
die in winters wordt bewaard
altijd bezig een nieuw raster te slaan
van vuren palen en dik ijzerdraad.

9.

Om opnieuw te moeten wachten tot het getrommel in mijn hoofd
zichzelf vergroot, in mijn neus en oren gaat zitten
hardop ademt, opspringt.

Jij brengt je gezicht dicht bij mij, maakt het weg
bent hier plotseling niet of was nooit zichtbaar
was het verzongen meisje
maar dan met vlees en warmte en roken.

Het plein niet opnieuw te moeten verklaren, niet opnieuw
het moment dat wij niet anders kunnen
dan elkaar aanraken, vervagen, oplossen in het verkeer.

Onweer dat plotseling losbarst en een nieuwe hand
die opspeelt, kwispelt, mij de rivier in sleurt.

There's a dark, damp house for our wounds
and ultimately water.

I choose the hammer-strokes inside my head.
There's a version of this music that laps and
taps against the quayside and one that pounds the rocks
that's stored up in winter
always busy building a new fence
from softwood posts and strong iron wire.

9.

To have to wait again until the drumming in my head
gets worse, lodges in my nose and ears
breathes out loud, leaps up.

You bring your face close to mine, make it vanish.
You're suddenly not here or were never visible.
You were the girl in the song
but then with flesh and warmth and smoking.

Not to have to explain the city square again, nor once again
that moment when all we can do is
touch each other, fade away, dissolve into the traffic.

A storm that suddenly breaks out and a new hand
coming to light, wagging, dragging me into the river.

10.

Roerloos. Daarentegen
vele bomen lang het lichaam omgewerkt
verspringende gedachten, een malende zin.

De stad wordt kleiner, heeft aan veldjes niet genoeg
wil roest en afval
en verzakkend wegdek
tussen verlaten kapellen.

Kleine heldere vuurtjes tussen de heuvels
zolang de zon gebrek aan onderscheid toelaat.
Kinderen in ondoordringbare huidskleuren
joelend tussen het wasgoed.

Misschien een hotelrekening, in een servet
gebrande ontsnappingsroutes.
In een heldere poel
bijna aan te raken die dezelfde sigaretten rookt.

Winterlicht
en melk aan de horizon
om uren denken
uit het hoofd, naar de natuur te schetsen
samenvattend, rijmend, hemelsleutel, veldschade.

11.

Tegenover deze koorts, deze voorstelling, deze ziekte
klonk haar lach van verre door het raam.
Ik was verloren, zelfs als poging tot medicijn.
Alles verliep volgens de ernst van dit moment.

10.

Immobile. On the other hand
for quite a few trees now the body's been ploughed up
leaping thoughts, a churning phrase.

The city's growing smaller, doesn't have sufficient fields
wants rust and rubbish
and subsiding roads
between deserted chapels.

Small bright fires among the hills
for as long as the sun permits loss of distinction.
Children with inscrutable complexions
shrieking among the washing.

A hotel bill, perhaps, escape routes
scorched onto a table napkin.
In a clear pool the one who smokes
the same cigarettes – almost touchable.

Winter light
and milk on the horizon
to sketch hours of thinking
by heart, after nature
summing up, rhyming, orpine, field damage.

11.

Against this fever, this performance, this illness
her laughter from far away rang through the window.
I was lost, even as attempted remedy.
Everything fitted the seriousness of this moment.

Het fluiten van de kanarie
de hond op het plein
jouw vertrek
mijn krank-
uitzinnig-
somber-
stom-
heid.

12.

Was het jouw gezicht dat zichtbaar werd
omkeek, de hemel opentrok en weer dicht ritste?

Je had er schoon genoeg van, rolde je laatste
woorden, iedere plooi die je bij je droeg de kamer in
en stak de stapel aan
riep niets, zei niets, bracht niets naar je lippen
stond onder de klok van het station
groter dan de stad
groter dan de feiten.

13.

Achter mij en om mij heen
heuvels, adem, spoorlijn, groen
wat in mij opkomt.

Het leek noodzakelijk
terug te gaan naar het hotel

The trilling of the canary
the dog on the square
your departure
my delirious-
sick-black-
foolish-
dumb-
ness.

12.

Was it your face, now visible, that faced me
looked around, pulled the heavens open, zipped them shut?

You'd had enough of it, rolled your last
words, and every pleat you carried with you, into the room
and kindled the whole pile
called out nothing, said nothing, brought nothing to your lips
stood beneath the station clock
bigger than the city
bigger than the facts.

13.

Behind me and around me
hills, breath, a railway line, greenness
all that comes to mind.

It seemed essential
to return to the hotel

het hotel te ondermijnen met
een hond die buiten in de sneeuw slaapt

een trein die door de velden rijdt
en alles wegblaast
tot in de wind het tikken doordringt
van een stok over de keien
van nagels tegen het glas.

Er loopt iets door het licht dat donker is
schaduw, vingers

noodgedachte.

Tot het hart gaan.

Dan springen.

to undermine the hotel with
a dog that sleeps outside in the snow

a train that runs through the fields
and blows everything away
until the sound of a stick tapping across the cobbles
of nails against the glass
filters through in the wind.

Something's walking through the light that's dark
shadow, fingers

emergency thoughts.

To go to the heart.

Then jump.

THE DOGS
DE HONDEN

1.

Ik loop door een stad die mij niet liefheeft
maar waarom zou hij ook.
Het kost hem al moeite genoeg
de slapenden te overmannen die hij kent
of de mensen in hun huizen te houden
nu iedere dag zich in de wakkeren herhaalt.

In een bocht van de weg komt een hond los van de gesprekken
loopt op de schaduw af waarin ik haast vooroverval.
De bezoekers van het café op het plein wijzen in die richting.
Ze zouden het drinken kunnen staken, maar de klokken willen
    dat niet.

De klokken tikken in de cafébezoekers.
Ze tikken in hun hoofden en hun ruggen, komen in hun vingers
naar buiten en klemmen zich vast aan de tafel
geschrokken, verkrampt en met bloedende nagels.
Boven hun hoofden het gehuil van de honden
die in een loodzware droom worden samengedreven.

2.

Toen ik terug kwam
bleek de halve stad, de bruine kleur ervan
verplaatst naar een ongebruikt geheugen.

Er is iets met deze straten.
Ze maken de beloften van deze stad niet waar.
Ik heb er te veel van gevergd.

1.

I walk through a city that doesn't love me
but I can't see why it would.
It's already hard enough for it
to overwhelm the sleeping ones it knows
or to make people stay inside their houses
now every day repeats itself in those who are awake.

In a bend of the road a dog breaks free from the conversations
rushes to the shadow in which I almost fall face down.
In the bar on the square people are pointing in that
     direction.
They could stop drinking but the clocks don't want them to.

The clocks are ticking in the people in the bar
ticking in their heads and in their backs, emerging
in their fingers, clinging onto the table
shocked and contorted and with bleeding fingernails.
Above their heads the howling of the dogs
herded together in a leaden dream.

2.

When I came back
half the city, all its brownness
had shifted to an unused memory.

There's something about these streets.
They don't live up to this city's promise.
I expected too much from them.

89

Ze zijn gemaakt voor thuiskomst
het gesleep met brandhout en meloenen, tractoronderdelen
worst uit de streek, verloren dochters, post van anderen.

Misschien waren ze met andere bedoelingen aangelegd
mocht alleen de zon of het water dat van de berg af komt
zich langs de wegen de stad in laten zakken.

Ik heb er meer van verlangd.
Dat was onbedoeld.
Ik moet die paniek vergeten.

Er is niets dat aanstalten maakt
om ouder te worden
of dat te laten merken.

3.

Een man stak de weg over
maar een ander ging ervoor staan
en weer anderen hadden commentaar
noemden hoe hij niet veel goeds in de zin had
wat er is met zijn manier van zwijgen.

Rondom raasden de meest lichtvoetige gesprekken.
Ook de sprekers dijden uit.
Hoe traag werkt het oog dat dit aanschouwt.

Hij heeft een vreemde voorkeur voor angst en brand.
Hoe zou hij dit oordeel kunnen beluisteren
eenmaal opgestaan
en is er ook voor hem en mij een plaats, een zin?

They were designed for homecomings
transporting firewood and melons, tractor parts
local sausages, lost daughters, other people's post.

Perhaps they were constructed with different intentions
to let the sun or water flowing down from the mountain
come into the city along the roads.

I wanted more than this.
That was a slip of the tongue.
I should shake off that panic.

Nothing is getting ready
to become older or
giving signs of it.

3.

A man crossed the road
but someone else got in his way
and other people criticized him
saying he clearly meant trouble
and what was wrong with his silence.

The nimblest of conversations raced around.
And the speakers also grew in number.
How slowly the eye works that observes this.

He has a strange preference for fear and fire.
How could he ever listen to this verdict
after rising, and is there
a place for him and me as well, any point?

4.

Hij zag er altijd zo uit als men zegt
dus in iedere mond anders
zeg grijzer of langer of dikker of onhoudbaar
in een goedkope vergelijking met patiënten, profeten
en verwende reizigers.
Vreemdelingen van over de berg
die hier alleen verwarring komen zaaien.

Hij was niet over de berg gekomen.
Niemand die dat trouwens wist.

Wat blijft er aan geschiedenis bewaard?
Wie spreekt nog van die jaren in een dialect van toen?

Het moet dezelfde zon zijn geweest en even warm
toen mijn vader door de straten liep
een dode hond in de armen
met dezelfde blik dezelfde houding
als alle anderen met honden thuis of in de aarde
en de anderen die van het noemen van een berg
tot aan de hond gekomen zijn.

5.

Wat hij liefst voor wijsheid hield.

Voor iedereen is de blinde
uitkomst. Een jonge schaduw
op de foto
sprekend
maar hij wil het niet horen.

4.

He always looked like people say he did
different then on every tongue
greyer, for example, or taller or fatter or unstoppable
in a cheap comparison with patients, prophets
and pampered travellers.
Strangers from across the mountain
who only come here to sow chaos.

He hadn't come over the mountain.
But no one knew that anyway.

What is preserved of history?
Who still speaks about those years in a dialect of then?

It must have been the same sun and just as hot
when my father walked through the streets
with a dead dog in his arms
with the same expression, the same bearing
as all the others who have dogs at home or in the ground
and as those others who started with the naming of a mountain
and ended up with the dog.

5.

What he considered to be wisdom.

That everyone perceives the blind man
as a godsend. A young shadow
in the photo
a speaking likeness
but he doesn't want to hear it.

Een jonge vrouw ligt op bed
en buigt voor die schaduw.
Maak een foto van mij.

Voor ieders oog sluit zich de hand
die om de sigaret bestaat.

Roken geeft de foto
net dat beetje tragiek, dat elan
wat ons op woorden brengt.

Niet de woorden, maar het citeren.
De stilte vlak daarna.

Voedsel dat zich roert onder mijn borsten
dat zich tegen mijn lichaam keert.

6.

Niemand die ziet
dat de hond zich omdraait, terugloopt
zich in de uitlopers van een winkel verschuilt
wacht tot iemand een hand overheeft
een ongebruikte, één die de spieren rust moet geven
vooral een warme hand.

Niemand die zich afvraagt
wat er opvalt aan een man die niet te horen is.
Zijn stem is anders, zijn ogen kleuren naar de muur
waarvoor hij staat, zijn lichaam houdt een
rommelig skelet bijeen.

Hij is niet te horen.
De hond heeft er niets mee te maken.

A young woman is lying in bed
and yields to that shadow.
Take a photo of me.

Everyone can see that the hand
exists for the cigarette.

Smoking lends the photo
that touch of tragedy, that élan
that brings us to words.

Not the words as such, but their quotation.
The silence just afterwards.

Food that stirs beneath my breasts
that turns against my body.

6.

No one who sees
that the dog turns round, walks back
lurks in the tail end of a shop
waits till someone has a spare hand
an unused one, just one, to give the muscles some rest
a warm hand especially.

No one who asks themselves
what's striking about a man who can't be heard.
His voice is different, his eyes take on the colour
of the wall he stands against, his body holds
a jumbled skeleton together.

He can't be heard.
The dog has nothing to do with this.

Het zegt niemand iets
dat ik de kleuren herken.

Groen voor de pijnbomen, rood voor het ondergoed
zwart voor dit liefje dat rookt als een ketter
en brandt als een ketter en feest
waar de jongens mij heen hebben gesleurd.

Mijn dialect heeft het niet gehaald.
In mijn auto de gebruikelijke rotzooi: wegen
de afdruk van de hond, het lichaam
dat ik met eigen ledematen voed.

Een man eet dankbaar mee.
De anderen kijken stiekem door de ruiten
spuwen zichzelf uit.

7.

Alsof het nodig is een hond te zien zoals we hem willen zien.
Alsof de hond niet genoeg aan zichzelf heeft om te kunnen bestaan.

Niets wordt anders omdat we erover praten
alleen het praten zelf.

Een hond heeft niet eens besloten te zwijgen.
Hij blaft omdat het blaffen hem leidt.

Ons zou de slaap moeten leiden of
wat de nacht van ons wil nemen
en de dag ons laat
om niets mee te doen.

It means nothing to anyone
that I recognize the colours.

Green for the pine trees, red for the underwear
black for this sweetie who smokes like hell
and burns like hell and parties
wherever the lads have dragged me to.

My dialect didn't make it.
The usual rubbish in my car: roads
traces of the dog, the body
that I feed with my own arms and legs.

A man gratefully joins in the meal.
The others sneakily peek through the windows
spew themselves out.

7.

As if it's vital to see a dog the way we want to see it.
As if the dog in itself hasn't enough reason to exist.

Nothing changes because we talk about it
only talking itself.

A dog doesn't even decide to keep silent.
It barks because the barking drives it.

Sleep should drive us or
what the night wants to take from us
and what the day leaves us
to do nothing with.

8.

Woorden als koffie, zon en auto
slijten minder door gebruik
dan schoonheid, onrust en slaap.

Onder invloed van koffie en slaap
in het bijzijn van uit de nacht meegespoelde gedachten
krijgt de stad de vereiste diepte.

Alleen al uit het raam
zonder acht te slaan op de zon, op het glunderen
dat het gezicht van de autobezitter tekent

zie ik de ernst en de tragedie
van iedere gang naar de kiosk, naar de bakker
van het schudden van handen

een afscheid dat de één een kantoorgebouw instuurt
en de ander een kant uit doet lopen
die deze ochtend erger maakt

erger zoals verder weg van wat ik heb geschreven
verder zoals klaar met spreken
en toe aan het eerste glas wijn.

9.

Twee mannen op het plein.

Merels en kanaries 's ochtends
's middags wolken en muziek
en langzaam dovende violen in de avond.

8.

Words such as car, sun and coffee
don't get as threadbare and worn-out
as beauty, turmoil and sleep.

Under the influence of coffee and sleep
in the presence of thoughts flooding in from the night
the city gains its necessary depth.

Just by looking out of the window
without paying attention to the sun, to the beaming
countenance of the car owner

I can see the seriousness and tragedy
of every trip to the kiosk, to the baker's
and in the shaking of hands

a farewell that drives someone into an office building
and someone else out towards something
that makes this morning even worse

worse in the sense of being further from what I've written
further in the sense of being done with talking
and ready for the first glass of wine.

9.

Two men on the city square.

Blackbirds and canaries in the morning
clouds and music in the afternoon
and violins slowly dying away at night.

Dit is een verschil dat zichzelf niet verklaart.

Wie overeenkomstige wegen bewandelt.
Wie nalaat evenals een ander te zijn.

Waarneembaar wat als gebaar mislukt
tijdens een telefoongesprek.

Een man
en een onophoudelijk waaien.
Gesprekken door de telefoon.

Niet de mensen op het plein
die naar de radio luisteren.

Een man in de stilte, een voorbije vorm.

10.

We rijden de heuvel over.
Zijn schouders staan geen moment stil.

Regen schiet nu en dan op tussen de huizen.
Alles waait droog wat geen voet aan de grond krijgt.

Er is zoveel blijven staan. Overal stenen.
De wind, hoe vijandig ook
kreeg er geen vat op. Volgens hem

willen de stenen in je zakken gaan zitten
je auto zwaarder maken
willen van je lichaam af.
Daarvoor moeten we de stenen dankbaar zijn.

This is a difference that doesn't explain itself.

Who walks along similar paths.
Who fails to be another.

Plain to see what didn't work as a gesture
when someone's talking on the phone.

A man
and a wind always blowing.
Conversations on the phone.

Not the people on the square
listening to the radio.

A man in the silence, a shape long-gone.

10.

We drive over the hill.
His shoulders don't stop moving for a single second.

Every now and then rain sprouts between the houses.
Everything that doesn't have a foothold is blown dry.

So much is still in place. Stones everywhere.
The wind, no matter how hostile
couldn't tear them away. He says

that stones want to sit in your pockets
make your car heavier
be done with your body.
That's why we should be grateful to the stones.

Heeft het lichaam zijn loop verlegd?
Stilstaand water laat die verhoudingen het beste zien.

Hoe moeizaam die kilometerslange beweging.
Hagedissen onder je huid. Schouders in paniek.

Hij wil zijn hoofd zoekmaken.
Ik ben zo iemand die zegt
laten we even afwachten, wachten tot de hoofdpijn zakt.

11.

Een raadsel is het niet de nacht
en er hoeft ook niets verbroken te worden
beaamt mijn zwijgende veroveraar.

Zo aards is alles, zo in onze handen afgedragen.
Opgerakelde gedachten zegt hij stotterend.
Je ziet overal sporen en tekens zegt zijn stem.

Ik zou zweren dat er ook anderen waren
dat ik hem al eerder tegenkwam in god mag weten welk café
waar ik achter die anderen sta in een duistere triomf
waarvan we bij klaarlichte dag spijt hebben.

Mij wilden ze aanraken. Ik dacht
aan een korstje, het hart van mijn adem
de vlekken die over mijn rug heen
de roddels in bloesemen.

Zweet wekt de honden op.
Durf ik te grommen, te hijgen, te blaffen
een zakdoek te trekken?

Has the body shifted its course?
Stagnant water shows such relationships best of all.

So difficult, that mile-long movement.
Lizards under his skin. Shoulders in a panic.

He wants to lose his head.
I'm the kind of person who says
let's wait a while, wait till the headache passes.

11.

It isn't a riddle – the night –
and nothing has to be broken
my silent conqueror confirms.

Everything is so earthy, so worn-out in our hands.
Raked-up thoughts, he says stuttering.
You can see signs and traces everywhere, his voice says.

I could swear there were others too
that I'd met him before in God knows which bar
where I'm standing behind those others in a dark triumph
we'll regret in broad daylight.

They wanted to touch me. I thought
about a scab, the heart of my breathing
the bruises that go down my back
and blossom in gossip.

Sweat excites the dogs.
Do I dare to growl, pant, bark
pull out a handkerchief?

12.

Buiten is te zien hoe iedereen zich pratend in leven houdt.

Valt daar de middag stil
blijven jongens langer hangen, roken
roepen om de taal heen, roemen zenuwachtig vlees
vooral het aangewaaide, geliefd om zijn zilte
natuurlijke smaak, het vleugje tijm, de vanille
van kwebbelende meisjes.

Droomt een van hen dat de jongens haar vermoorden.
Dromen de anderen het zonder jongens
te kunnen stellen.

Alle dagen dat de stad bestaat
denken ze hun gedachten voor elkaar
om ze daarna samen
hardop
te bespreken.

De storm daaruit gewonnen
laat de luiken rammelen.
Tranen daaruit losgesneden
treden buiten alle oevers waaraan jongens staan.

12.

Outside you can see how everyone keeps themselves alive with chatter.

If the afternoon goes quiet there
the lads loiter on, smoking, yelling around
the language, singing the praises of jittery flesh
especially the kind that just crops up, loved for its
natural, salty taste, the pinch of thyme, the vanilla
of gabbling girls.

If one of them dreams the lads are killing her
the others dream they can do fine
without any lads.

Each day the city exists
they think their thoughts for each other
so that afterwards
they can talk them through
together.

The storm that's reaped from this
makes the shutters rattle.
Teardrops cut free from this
go beyond all the riverbanks where lads are standing.

13.

De honden opmerken is kennis van het einde.
Opmerken dat je het einde begrijpt.
Het is uitgesloten dat je wilt beginnen.

Ter verdediging van gras, omheining
het bewaren van een dag tot zijn verrassing
goed, heldhaftig uitgepakt
hield iedere boer twee honden, wilde meer fokken
zocht kennis van voer en onthouding.

Blaffen betekende dat de wind langskwam
de maïs moest afgedaan
het vee nog een week buiten
de kinderen naar binnen
zeker vier maanden van hun lichaam verlost.

Nachtegalen laten de gedichten los
in zuidelijke zomers.
Dochters rennen er achteraan.
Ik ren er achteraan.

13.

Noticing the dogs is having knowledge of the end.
Noticing that you understand the end.
There's no chance you want to begin.

For defending the grass, fencing –
preserving a day which to his surprise
turned out well, heroically even –
and all the farmers kept two dogs, wanted to breed more
worked out what to feed, what to withhold.

Barking meant the wind was coming by
maize had to be dealt with
the cattle kept outside another week
the children brought indoors
freed from their bodies for at least four months.

Nightingales unleash the poems
in southern summers.
Daughters race after them.
I race after them.

I INVENTED HIM
IK HEB HEM BEDACHT

1.

Een woord tegelijk.
Makkelijk.

Het was makkelijker geweest elkaar te ontmoeten
dan het uitblijven ervan
weg te schrijven in een andere geschiedenis.
Minder woorden ook.

Badkuip. Winterjas
waaruit jij bent verdwenen.
Woorden die je niet kan lezen met de dingen zelf
binnen handbereik.

Ik schreef alles op wat ik zag.

Het werk van degene die de tuin heeft aangelegd
kan worden afgelezen aan de vruchten
die in de schaal op tafel liggen.

Ik las om woorden te kunnen maken.

De eerste sneeuw viel toen de schaal bijna leeg was
en ook de tuin zijn schepper begon te ontkennen.

Het is niet zo dat de dingen om ons heen niets beweren.
Ze hebben alleen geen woorden om het ons duidelijk te maken.

Het maanlicht in de keuken is een teken
van voorbijgaande aard
maar keert terug.
Ook het fruit hecht aan zijn vele namen, kiest vorm
tegen nieuwe gedaanten.

Slaap kan zonder dat je het verwacht veranderen
in brieven of in liedjes of november.

1.

One word at a time.
Easy.

It would've been easier to meet each other
than to make the absence of such a meeting
disappear by writing a different story.
Not so many words either.

Bathtub. Winter coat
from which you've vanished.
Words that you can't read with the things themselves
close at hand.

I wrote down everything I saw.

You can read the work of the one
who laid out the garden from the fruit
in the bowl on the table.

I read so I could create words.

The first snow fell when the bowl was almost empty
and even the garden started to deny its maker.

It's not the case that the things around us state nothing.
It's simply that they have no words to make things clear to us.

The moonlight in the kitchen is a sign
that's evanescent
but it does come back.
And fruit is also attached to its many names, choosing form
as opposed to new guises.

Before you know it sleep can change
into letters or songs or November.

Nu zwermen ze uit, de liedjes
en bereiken hem die in de deuropening staat
van de winkel tegenover dit huis.

Zijn ze voor hem bestemd of is hij alleen degene die luistert?
Ze komen terug.

En morgen weer.
Woordblind en bloedend
van de kou.

2.

Als jouw stem uit de telefoon tot hier kan komen, waarom
zou ik jouw handdruk dan niet in mijn bed terug kunnen
vinden of bij het openen van de deur voor wie er aanklopt?
Zoals ik de man, die drie dagen geleden voorbijkwam,
gisteren bij de kerk zag staan.

Auto's rijden af en aan, met mannen van drie dagen, met gelijke
stemmen, zelfs als er geschoten wordt of wegversperringen
iedere doorgang verhinderen.
Ze vragen naar je papieren en laten je uren wachten.
Ze geven je een hand als je weggaat, maar het is de jouwe niet.

Ik ken het woord niet dat ze me toeschreeuwen, maar
het klinkt alsof er iemand met zijn vuist op tafel slaat en
tientallen vuisten slaan op de tafel en houden niet op en het
lukt mij niet om voor zonsopgang in slaap te vallen.

Op de foto is mijn lichaam zichtbaar, één hand naast het bed,
de andere klaar om de deur te openen of een hond aan te
halen.
Het is vreemd te zien wat foto's met je doen.

Now they're swarming out, the little songs
reaching the man who stands there in the doorway
of the shop opposite this house.

Are they meant for him or is he just the one who listens?
They're coming back.

And will come back tomorrow.
Word-blind and bleeding
from the cold.

2.

If your voice can come out of the telephone as far as here,
why can't I find the print of your hand in my bed once more
or when I open the door to whoever knocks?
Just as yesterday I saw the man who passed by three days
ago standing near the church.

Cars arrive and drive away, with men from three days ago,
with the same voices, even when there's shooting or when
road-blocks cut off all access.
They ask for your papers and make you wait for hours.
They shake your hand when you leave, but it's not your
hand.

I don't recognize the word they're screaming at me, but it
sounds as if someone's slamming his fist on the table and
dozens of fists slam down on the table and won't stop and I
can't manage to fall asleep before sunrise.

In the photo my body is visible, one hand beside the bed, the
other ready to open the door or stroke a dog.
Strange, seeing what photos do to you.

3.

Ik open de kalenderramen.
Overal bewijzen.

De berk voor het huis, vlugge schetsen
van het dennenbos tegen de mist
het aansteken en doven van de tabaksbrieven.

Ik beperk me tot de telefoon en achter in de kamer
een restje wijn.
Voor je het weet is alles wat je hebt gezegd waar.

Nemen wij de trein naar het zuiden
kijken wij hoe de hond een kamer binnen loopt
en tegen de ruit gaat staan.

De woorden die ik jou hoor zeggen en jij mij
en niet hoor zeggen
aan tafel
met je handen in de war
achteromkijkend.

Laat ik mij opschrijven
wat een plein oversteekt en binnen waait.
Hoe je zoiets zegt of niet zegt
voor de haan die woorden zal beamen.

4.

Op weg zoals altijd, mijn hand uitgelezen
een kanarie gekocht
jou gezien.

3.

I open the calendar windows.
Evidence everywhere.

The birch in front of the house, swift sketches
of the pine wood looming in the mist
the lighting and stubbing out of pouches of tobacco.

I restrict myself to the telephone and at the back of the room
to dregs of wine.
Before you know it everything you said will be true.

We'll take the train south
watch how the dog walks into a room
and puts its paws against the window.

The words I hear you say and you me
and don't hear said
at mealtimes
with your hands in a muddle
looking behind you.

I'm going to let myself write down
what crosses a square and breezes in.
How you can say something like this, or not say it
before the cockerel confirms these words.

4.

On my way as always, finished reading my hand
bought a canary
saw you.

Uit geloof omgekeken.
Daarna mijn stem opgelaten, nageklapt
zo hard gewezen dat iedereen het zag.

Nu staan jij en ik in andere verzinsels
zijn we bezig
in een geheim vast te lopen.

Niet hier niet in deze kamer
niet op zo'n manier.
Gekmakende woorden.

Niet het antwoord van welke kanarie dan ook
wat altijd minder is
en genoeg.

Dit is wat de kanarie laat horen:
het geluid van een kamer
met niemand erin.

5.

Hij is gekomen.
Ik heb hem bedacht.

Hij leek op weg iemand te ontmoeten.
Ik zag de beschrijving niet voor me, alleen de herinnering nadien.

Hij zocht een vervolg, er is altijd een vervolg
maar de streek was te uitbundig, het hele land

kende geen maat, was groter dan hem
en bleef dat. Niet dat ik wist

Looked back out of sheer belief.
Then launched my voice, applauded
pointed it out so loudly everyone could see it.

You and I have ended up in different fantasies
and are busy
getting bogged down in a mystery.

Not here, not in this room
not like this.
Words that drive you crazy.

Not the answer of any old canary
which is always insufficient
and enough.

This is what the canary is trilling:
the sound of a room that has
no one inside it.

5.

He did come.
I invented him.

He seemed to be on his way to meeting someone.
I didn't bring the account of this to mind, just the memory, later.

He was looking for a sequel, there's always a sequel
but the area was too abundant, the whole country

knew no bounds, was bigger than him
and stayed like that. Not that I knew

wie zijn vervolg moest zijn.
Het land kon mij niet worden aangerekend.

Hij kon degene zijn die drank meeneemt
of te laat komt, vlucht zodra het glaswerk sneuvelt

zonder opzet, zonder achterom te kijken
zonder te herlezen wat hij doet. Het staat er niet.

Ook de telefoongesprekken nemen
een andere wending.

Wat er gebeurt als hij voorbijloopt.
Hij verlengt zijn hand met sigaretten.

Vanaf de andere oever zwaait een onbekende.
Dit was niet te voorkomen.

6.

Ik wil niet de enige zijn die zich bedonderd voelt.
Ik moet alle namen doorlopen.

Bomen die zich niet bewegen, onweer dat in wolken rondgaat
die hier maanden blijven hangen.

Wie genoemd worden in de reportages, in de reclames, bij de bakker
wie schuil gaan achter telefoonnummers, zorgvuldig in beeld gebracht

was er één die uit mijn handen viel en wegsloop.
Had ik zijn ledematen goed, zijn stem, zijn verwijten

later bedacht, nu nog het verwarde van vrienden, ouders of kinderen
in hem opgehangen, de trekken van een jongensfoto.

who should be his sequel.
I couldn't be blamed for the country.

He could be the one who brings a bottle
or comes too late, who flees when the glasses shatter

unintentionally, without a backward glance
without reviewing what he does. It doesn't say.

Even the telephone conversations take
a new turn.

This is what happens when he walks past.
He lengthens his hand with cigarettes.

From the other side of the river a stranger is waving.
Nothing could prevent this.

    6.

I don't want to be the only one who feels cheated.
I should run through all the names.

Trees that don't move, thunder that mills around in clouds
that linger for months here.

Of those named in the reports, in the commercials, at the baker's
those hiding behind phone numbers, carefully scrutinized

there was one who slipped from my hands and stole away.
Had I got his limbs right, his voice, his reproaches

when I later invented them, assigning to him now the confusion
of friends, parents or children, the features of a boy in a photograph.

Te zien was wie de deur sloot en de straat in liep.

Ik ging naast hem liggen, om met hem mee te gaan
de nacht uit, het vuur in, een langzaam dovende viool.

7.

Er is geen god, geen handleiding.
De stad keert zich om uit zijn slaap en staat op.
De straten breken open tussen de huizen.

Wat er aan
niets gebeurt
is vaak te veel
om hier te passen.

Iemand voor de onderdelen van de dag
voor het eerste half uur desnoods.

Zijn handen grijpen alles bij elkaar
en de zon begint de stad te schroeien
zonder tussenkomst van anderen
zonder aankondiging, zonder uitverkorenen
die gekweld door zorgen en gezang
de straten door rennen
om alles bij elkaar te houden
of te doen ontstaan.

Daarachter of daarin verkleind
openbaart de stad zijn huizen
de daken
het zolderraam
de tafel bij het raam

You could see who shut the door and walked into the street.

I lay down beside him, so I could go with him
out of the night, into the fire, a slowly dying violin.

7.

There is no god, no manual.
The city turns from its sleep and rises.
The streets burst open between the houses.

What happens
to nothing
is often too much
to fit in here.

Someone for the parts of the day
for the first half hour if necessary.

His hands gather everything together
and the sun starts to scorch the city
without anyone's intervention
without any announcement, without the chosen few
tortured by hymns and worries
having to dash through the streets
to keep things going
or bring them into being.

Beyond or behind this, scaled-down
the city reveals its houses
the rooftops
the attic room
the table by the window

het glas op tafel
en een oog dat in het glas tuurt
zonder god of handleiding.

8.

Het idee

de chaos
op te ruimen

die anderen in hun armen sluiten

alsof ik geen piano ben

of water en zeep
waarmee je je lichaam kan wassen.

9.

Ik heb de lijsten geraadpleegd. Niets blijft onvermeld.
Ik geloof dat ik hem mijn reden zal noemen.

Toen ik het huis uit liep begon het te regenen.
Het was onmogelijk vooruit te kijken.

Ik zag zijn naam niet op de lijst staan.
Ze haalden nieuwe lijsten te voorschijn.
Ze bleven bij elkaar staan, rond overladen bureaus.
Hun gebaren werden kleiner, werden kamerplant.
Ik verliet het pand in stilte.

the glass on the table
and an eye that stares into the glass
without God or a manual.

8.

The idea

of tidying up
the chaos

that others embrace

as if I weren't a piano

or soap and water
for you to wash your body.

9.

I consulted the lists. Nothing remains unrecorded.
I suppose I'll tell him my reasons.

When I walked out of the house it began to rain.
It was impossible to look ahead.

I couldn't see his name on the list.
They brought out new lists.
They remained together, standing around cluttered desks.
Their gestures became smaller, became house-plants.
I left the premises in silence.

Mensen nemen namen aan
die naar hun ideeën gaan leven.
Wij leren nooit de bedoeling van die namen.
Zeggen ja, omdat het een voetballer kan zijn
een zanger, een schrijver, een buurman.
Is het niet ook die oude vriend van je vader
van iedere vader?

Er is altijd iemand die uit eigen naam
zijn rust verliest, die zelf het glas uit zijn handen
laat vallen, niet eens weet
hoe zijn handen werken.

Om iemand uit zijn foto te halen
daarvoor zijn de lijsten niet.
Of met tranen in de ogen beweren dat zelfs die ring
die pen, de opdruk van een verdwenen merk
zijn bestaan bewijst
het staat buiten de lijsten.

Het is pijnlijk in de lijsten te zoeken
naar een gestalte buiten de namen
of naar het boek dat zijn naam verdient.

Mensen zetten emmers buiten om
de berichten van de regen op te vangen.

Iemand moet iets schrijven
dat hem de hoek om laat slaan
mij voorbij loopt
zodat mijn hart overslaat
en mijn hoofd weet dat weggaan loont
maar mij dat niet weet op te leggen.

De zon heeft zonder aarzeling gewist
wat de regen heeft geschreven.

People take on names
that start to live according to their notions.
We never learn the meaning of those names.
We say yes, because it could be a football player
a singer, a writer, a neighbour.
Isn't it that old friend of your father's too?
Of every father?

There's always someone who in his own name
loses his peace and quiet and lets the glass fall
from his own hands, doesn't even know
how his hands work.

Dragging someone from their photo
is not what lists are meant for.
Nor to make you state with tear-filled eyes that even that ring
that pen, the printed branding of a former label
are proof of his existence –
that's beyond the scope of lists.

It's painful to search in the lists
for a figure beyond the realm of names
or for the book that deserves his name.

People put buckets out of doors to
catch the messages the rain sends.

Someone should write something
that will make him turn the corner
walk past me
so my heart will skip a beat
and my head will know that leaving does pay off
but doesn't know how to inflict it on me.

The sun erases without any hesitation
what the rain has written.

10.

Ik heb je laten vertrekken.
Kwam je vroeg of laat terug?

Het is aan de lucht, het landschap, de kou niet te zien
welke tijd ons verdeeld houdt.
De jouwe, die gemakkelijk een maand kan missen
of de mijne waarvoor iedere seconde telt.

Is het vroeg
nu ik je tussen de soldaten zie staan?
Ik had het alfabet van de soldaten overgenomen.
Dat was gisteren
toen ik ziek werd, toen ik je begon te missen
als gedachte.
Ik schreef op dat je verdwenen was.

Je kwam met een vroege bus
met een ander dorp op zak.

De tijd dat licht en donker gezien mochten worden
veranderde.
Leuzen gingen nog altijd over te vroeg of te laat.
Het werd tijd je aan te sluiten.

Mensen spraken over jou, over de laatste dagen
en rekenden terug.
De jaren hadden verzuimd in de zon te gaan staan
waren jou vergeten.

Koorts trok door de seizoenen.
Altijd iemand ijlend in bed.
We bidden voor zijn zielenheil
voor zijn gezondheid.

10.

I let you leave.
Did you come back early or late?

The skies, the coldness, the landscape, none of them reveal
which era keeps us divided.
Yours, which so easily can skip a month
or mine, in which every second counts.

Is it early
now I see you standing amongst the soldiers?
I adopted the alphabet of soldiers.
That was yesterday
when I fell ill, when I began to miss you
as a notion.
I wrote down that you had vanished.

You came on an early bus
with a different village in your pockets.

The time when light and dark were allowed to be seen
altered.
Slogans still spoke of being too late or too early.
It was time for you to join in.

People talked about you, about the last days
and reckoned backwards.
The years had failed to move into the sun
had forgotten all about you.

Fever soaked the seasons.
There was always someone in bed, delirious.
We pray for the good of their souls
for the health of their bodies.

Bij het bidden hoort het vergeten
horen de vlaggen die op het gemeentehuis staan.

Wij bidden dat de vlaggen naar het zuiden afreizen
de warmte tegemoet, iedereen vertellend
dat wij in staat zijn te vertrekken
dat jij ons opnieuw mag komen halen.

We verbranden het afval.
Ook onze tongen en onze lippen branden.
Vlammen dansen boven onze hoofden.

Omstanders betreuren de autowrakken en het zwart
in de schotels met spekvet en nachtschade.
Ze betreuren het verlies
wat met jouw schaduw samenhangt.

Vandaag heb ik de luiken geopend
om iedereen te doen geloven
dat jij licht en frisse lucht nodig hebt.
En inderdaad, jij hebt mijn gebaren nagedaan
en de lucht ingeademd
en je hoofd in het licht van de middag gehouden.

Ik wil dat je deze regels vindt en
begrijpt dat jij mijn leven bent.

11.

Ik kan alles een andere plaats geven.
De tafel neerzetten waar er geen licht op valt.

Ik heb water klaargezet en soda
breng je sterke drank op bed mocht jij
in dit bed willen herstellen.

128

Praying and forgetting belong together
and the flags that fly from the town hall.

We're praying for the flags to travel south
to go into the heat, to let everyone know
that we're ready to leave now
that you can come and pick us up once more.

We're burning the rubbish.
Our tongues and lips are burning too.
Flames are dancing above our heads.

Bystanders are crying about the car wrecks and the blackness
in meals of lard and nightshade.
They're mourning the loss
linked to your shadow.

Today I opened the shutters
to make everyone believe
you need daylight and fresh air.
And you really did mimic my gestures
breathing the air in
holding your head in the afternoon light.

I want you to find these lines
and understand that you're my life.

11.

I can put everything in a different place.
Put the table where no light will fall on it.

I've set out water and soda.
I bring liquor to your bedside just in case
you want to get better in this bed.

129

Jouw handen vielen mij op. Ze leken ziek, afwezig
de hele stad doorkruist, overal geleden.

In de krant is sprake van voorspoedig herstel.
Alle maatregelen, zeggen woordvoerders, maken korte metten
met de eenzaamheid, de richtingloosheid van de seizoenen.

Ik tel de sigaretten die jij meebracht, rook alleen
de oneven exemplaren.

Ik wacht op de eerste sneeuw, leg het laatste fruit te drogen
doe open voor mannen met harde stemmen.

Soldaten komen waarschuwen voor de sneeuw
voor een brand verderop in de straat.
Een gesprek met hen staat roken toe.

Wild geworden zijn de vliegen
als ik het niet zelf ben, schreef je mij
en ik zag op het nieuws nog betere zinnen.

Het is gebruik enkele minuten te wachten en dan
de deur te forceren.

Schreef ik je terug hoe nerveus ik was?
Ik had je hand net verbonden.
Er werd steeds meer zichtbaar van je gestalte.

Jij zat bij het raam, beschreef de gesprekken die de avond vulden.
Niet stiller dan een wachtkamer
maar wel doder was de wereld toen
en alle bekentenissen zaten in gesloten hoofden.

De manier waarop jij rookte
verried jouw houding bij het wachten
verried mijn ongelukkige woordkeuze.

I noticed your hands. They seemed ill, not present.
They've criss-crossed the city, suffering everywhere.

In the newspaper they speak of a swift recovery.
According to various spokesmen, all the regulations deal severely
with the loneliness, aimlessness of the seasons.

I count the cigarettes you brought with you, smoke
only the odd ones.

I wait for the first snow, put the last of the fruit out to dry
open the door to men with harsh voices.

Soldiers are coming with warnings about the snow
about a fire further down the street.
Chatting to them means smoking is permitted.

The flies have turned feral
and me too perhaps, you wrote to me
and on the news I saw even better phrases.

It's the custom to wait a few minutes and then
force the door.

Did I write back how nervous I was?
I had just bandaged your hand.
More and more of your form came into view.

You were sitting at the window, describing all the conversations
that filled the evening. The world wasn't quieter
than a waiting-room then, but definitely deader
and all confessions were locked inside shut heads.

The way you smoked
revealed your attitude to waiting
revealed my awkward choice of words.

In de eerste sneeuw zag ik jou je handen verbranden.
Ik dacht aan de zin 'het wordt lente'
en keek over mijn schouder
zag toen wat er achterbleef.

12.

Wat we nodig hebben is een hulpeloze god, een hulpeloos vuur.

Wat we nodig hebben is een plein en een hotel.
We kunnen ons daar bevinden waar het loont te wachten
We kunnen op één van beide wachten.
Weten we welke van de twee
nu het mogelijk is de noodzaak om te wachten kwijt te raken
maar nooit het plein of het hotel?
Dat weten we.

Wat we nodig hebben is een slagvaardige god en een hulpeloos vuur.
We kunnen in één van beide geloven.
Weten we welke van de twee?
Weten we wat er gebeurt als we geloven?

Wat we nodig hebben is een god die ons om hulp kan vragen.

We herkennen die alsmaar zwakker wordende stem
die spreekt tegen ons vermoeden
als iemand die zich haastig uit de voeten maakt.

Wat we nodig hebben is een vuur dat over sterren gaat
over liefde of over een man
die een plein oversteekt.

Wat is het dat ik jou wil zeggen?

I saw you burn your hands in the first snow.
The phrase 'spring is coming' sprang to mind
and I glanced back over my shoulder
saw then what was left behind.

12.

What we need is a helpless god, a helpless fire.

What we need is a city square and a hotel.
We could find ourselves there where it pays to wait.
We could wait for one of either.
Do we know which one of them it might be
now it's possible to lose the need for waiting
but never the square or the hotel?
We do know that.

What we need is a decisive god and a helpless fire.
We could believe in one of either.
Do we know which of them?
Do we know what happens if we believe?

What we need is a god that can ask us for help.

We recognize that voice, always sounding weaker
that speaks to our presumptions
like someone dashing offstage.

What we need is a fire that is all about the stars
about love or about a man
crossing a city square.

What do I want to say to you?

Die met de antwoorden zwijgen.
Sta me toe je te vertellen hoe het afloopt.

13.

Rook was één van de laatste verhalen van deze zomer.

Ik heb de rokers toegeknikt, op hen gedronken
zittend aan een tafeltje
onder een snijdende rook.

Wolken zijn er ook genoeg
maar altijd wenkt
wie door de rook daar staat
om mij aan tafel te zien zitten
bezig hem te roepen.

Dan het hotel herkennen aan de sleutel
en aan de sleutel
het vertrek?

Die met de antwoorden zwijgen.

Dit is een vraag die over
liefde gaat of over een man
die een hotel binnenloopt.

Wat is het dat ik jou wil vertellen?

Those who have answers don't say a thing.
Let me tell you how it all turns out.

13.

Smoke was one of the last stories of this summer.

I gave the smokers a nod, drank to them
sitting at a café table
beneath biting smoke.

There are plenty of clouds too
but always beckoning
is someone who can be spied
through the smoke, standing there
so he can see me sitting at a table
calling him.

Then recognizing the hotel
from the key and from the key
the departure?

Those who have answers don't say a thing.

This is a question about
love or about a man
who walks into a hotel.

What is it that I want to tell you?

ACKNOWLEDGEMENTS

The author Jan Baeke would like to thank the writers and filmmakers listed below. His memories of passages, fragments and images from their work were with him while he was writing this sequence, and he would like to thank them for their presence: Andrei Tarkovsky (*Nostalgia, Mirror*); Tonino Guerra (*Il miele, La capanna, Il viaggio*); Richard Brautigan; Federico Fellini; János Pilinszky; Jaan Kaplinski; Ingeborg Bachmann; Wallace Stevens; Mirko Kovač; Helga Königsdorf; Jean Grenier (*Les Îles*); Hermann Broch; Marian Pankowski; Witold Gombrowicz (*Diary Paris-Berlin*); Viktor Shklovsky (*Zoo*); Edmond Jabès; Leonard Nathan; Anne Carson (*Kinds of Water*); Antonio Tabucchi; Michelangelo Antonioni; Eija-Liisa Athila; Michael Haneke; Francisco Umbral; Pier Paolo Pasolini; Gilbert Sorrentino and Luis Buñuel.

The translator, Antoinette Fawcett, would like to thank her cousin Louise Biesmeijer-Oostrum and Louise's husband Bert Biesmeijer, as well as her friend Lilian Vinther, for their helpful comments. Thanks are also due to the Dutch Foundation for Literature and to the Expertisecentrum Literair Vertalen for their support, in particular to Victor Schiferli and Sander Grasman. The translator is especially grateful to Jan Baeke for his enthusiastic response to the work-in-progress, and to David Colmer for his comments on the final drafts. She would also like to thank Francis Jones for his perceptive introduction, and Jean Boase-Beier, Angela Jarman, Tony Ward and all at Arc Publications for their encouragement and dedication. Finally, the translator thanks her husband, Glenn Lang, for his constant love and supportiveness.

JAN BAEKE is a Dutch poet, digital poet, translator and editor with nine collections of poems to his name. *Groter dan de feiten* (Bigger Than The Facts) was nominated for the VSB Poetry Prize, and *Seizoensroddel* (Seasonal gossip) received the 2017 Jan Campert Prize. Translations of his work have appeared in various magazines such as *Poetry Wales*, *The Amsterdam Review*, *Carapace*, *Jacket* and *Action Poetique*, and in the anthologies *Le verre est un liquide lent* (Tours: Farrago, 2003) and *Jutro je v tej vlažni deželi* (Ljubljana: Beletrina, 2016).

Jan Baeke has translated poetry by Liz Lochhead, Lavinia Greenlaw, Deryn Rees-Jones, e.e. cummings, Norbert Hummelt, Russell Edson, Jack Spicer and Derek Walcott.

Under the name of Public Thought, he and the media artist Alfred Marseille produce digital poems, data poems, poetry films and poetic installations. A selection of their work can be found on www.publicthought.net.

Jan Baeke is currently the festival programmer for The Poetry International Festival in Rotterdam.

ANTOINETTE FAWCETT is a literary translator working from Dutch to English. *Bird Cottage* (Pushkin Press, 2018), her translation of a novel by Eva Meijer, was her first full-length published translation and has been shortlisted for the 2019 Vondel Translation Prize. She has twice been a prize-winner in the Stephen Spender Poetry Translation competition and has had poems and translations published in several leading magazines and journals. She is the editor of *Comet*, the magazine of the Norman Nicholson Society and is the co-editor of *Translation: Theory and Practice in Dialogue* (Continuum, 2010) and co-editor, with Jean Boase-Beier and Philip Wilson, of *Literary Translation: Re-drawing the Boundaries* (Palgrave Macmillan, September 2014).

FRANCIS R. JONES is a widely-published, prizewinning poetry translator. He works mainly from Dutch and Bosnian-Croatian-Serbian into English. Besides this, he has translated poetry from Hungarian, Russian, Sranan and Papiamento, and – as a Yorkshireman and a naturalised Northumbrian – into Northern-English dialects. He is also Professor of Translation Studies at Newcastle University.